Tretter, Ludwig

# Lehrbuch für Gesangskanarienzüchter

EUROPÄISCHER
HOCH
SCHUL
VERLAG

Tretter, Ludwig

**Lehrbuch für Gesangskanarienzüchter**

ISBN: 978-3-86741-574-3

Auflage: 1
Erscheinungsjahr: 2010
Erscheinungsort: Bremen, Deutschland

Bei diesem Titel handelt es sich um den Nachdruck eines historischen, lange vergriffenen Buches aus dem Jahr 1914 (Robert Fuchs Verlag, Altenburg). Da elektronische Druckvorlagen für diese Titel nicht existieren, musste auf alte Vorlagen zurückgegriffen werden. Hieraus zwangsläufig resultierende Qualitätsverluste bitten wir zu entschuldigen.

Tretter, Ludwig

# Lehrbuch für Gesangskanarienzüchter

# Lehrbuch

für

## Gesangskanarienzüchter, Preisrichter und Vereine.

Dem Weltbund der Kanarienzüchter und
Vogelfreunde gewidmet
von Ludwig Tretter
in Pirmasens (Rheinpfalz).

Robert Fuchs Verlag, Altenburg, S.-A. 1914.

# Vorwort.

Die Züchtung von Gesangskanarien, diesen lieben, gesangesfrohen Stubengenossen der Menschen, ist zurzeit eine der schönsten Liebhabereien. Auf dem Lande und in fast allen größeren Städten finden viele Vogelfreunde nach des Tages harter Arbeit in diesem Sporte eine angenehme Zerstreuung, eine wohltuende Ausspannung, die den Ausgleich zwischen der wachsenden beruflichen Arbeitsleistung einerseits und dem natürlichen Bedürfnis nach Ruhe, Freude und häuslichem Glücke andererseits herstellt.

Auf dem Gebiete der Kanarienzucht hat sich nun in den letzten Jahren ein recht großer Umschwung vollzogen. Die Gründung von Vereinen und Verbänden zur Förderung der Gesangskanarienzucht brachte durch Aufklärung und Belehrung einen gewaltigen Fortschritt in Bezug auf praktische Leistungen im Gesange der Vögel, wie auch hinsichtlich der wissenschaftlichen Forschung auf dem Gebiete der Gesangeskunde.

Dieser allgemeine Fortschritt stellt aber auch erhöhte Anforderungen an die Kenntnisse aller Züchter, insbesondere jener, die in Vereinen und Verbänden als Führer und Lehrer oder auf Ausstellungen als Preisrichter tätig sein sollen.

Zur Vermittelung aller wissenswerten Kenntnisse über den Stand der Kanarienzucht, der Züchtung, des Gesanges und der Prämiierungsweise ist ein praktisches Lehrbuch für die Hand der Preisrichter und Vereine zur methodischen Unterweisung und für die Hand des Züchters zur Selbstfortbildung Bedürfnis geworden.

Andere zur Zeit vorhandene Lehrbücher dieser Art sind teils unvollkommen, teils veraltet. Insbesondere ermangelt ihnen eine ausführliche, leicht faßliche und richtige Darstellung über unsere heutigen Liedtouren und ihre Bewertung. Die in diesem Lehrbuche gegebenen Anleitungen sollen zeigen, auf welche Weise Preisrichter und Vereine nach einem einheitlichen, plan mäßigen Stufengang die jungen Züchter in allen einschlägigen Fragen mit Erfolg unterweisen und sie vom Züchter zum Preisrichter befähigen und ausbilden können.

Das Kapitel Preisrichterprüfung gibt Aufschluß über einheitliche und zweckdienliche Durchführung dieser Veranstaltung und enthält eine Zusammenstellung von Aufgaben und Fragen, die an den Prüfling gestellt werden können.

Zum ersten Male wird hier das erprobte Liebbewertungssystem auf wissenschaftlicher Grundlage, wie es der z. Z. aus 2600 Züchtern und Preisrichtern bestehende Weltbund der Kanarienzüchter und Vogelfreunde aufgestellt, eingehend klargelegt.

Die Krankheiten der Kanarien sind nach ihren Erscheinungen und Ursachen beschrieben; auch ist das Heilverfahren unter Benutzung der homöopathischen Heilmittel angegeben, wodurch der Züchter seinen Vögeln sofort helfen und die mit Arbeit und Kosten verbundenen Anfragen im Sprechsaale der Fachzeitung ersparen kann.

Endlich gibt das Lehrbuch auch Winke über Veranstaltung von Ausstellungen und erteilt Rat über Kanarienhandel auf reeller Grundlage.

Möge das Buch, von einem Züchter und Preisrichter aus der Praxis für die Praxis geschrieben, eine allseitige, freudige Aufnahme finden.


Pirmasens im Januar 1914.

Ludwig Tretter.

# Erster Teil.

# I. Der Züchterkurs.

## (Ein Zuchtjahr.)

### Disposition.

## A. Auswahl der Zuchtvögel.

1. Körperliche Beschaffenheit und gesangliche Eigenschaften der Zuchthähne und ihre Vererbung.
2. Körperliche Beschaffenheit der Weibchen und ihr Einfluß auf den Edelgesang.
3. Zuchttabelle.

## B. Einrichtung der Hecke.

## C. Der Heckbetrieb.

Eröffnung der Hecke. — Verhalten in der Hecke. Begattung und Nestbau. Das erste Gelege. — Die ersten Jungen. — Anlegung geschlossener Fußringe. Bedeutung der Ringe. — Anlage des Zuchtstammbuches. Milbenbekämpfung. — Selbständigkeit der Jungen. Federrupfer. — Das zweite und dritte Gelege.

## D. Nach der Hecke.

Mauser der Junghähne. — Einbauerung. — Studium. Ausmerzen. — Vorbereitung zum Wettgesang.

# A. Auswahl der Zuchtvögel.

Der Gesangs-Kanarienzüchter soll bei Eröffnung der Hecke wissen, was für Zuchttiere er verwenden muß. Es ist deshalb notwendig, daß er vor allem den Gesang seiner Hähne kennt. Von Vorteil wird es darum sein, wenn er als Anfänger vor Heckbeginn seine Hähne einem gesangeskundigen und erfahrenen Züchter vorstellt und sich belehren läßt. Auch einige Vereinsversammlungen können zum gemeinschaftlichen Abhören und Beurteilen der Heckhähne benutzt werden. Bei dieser Prüfung ist folgendes zu untersuchen.

## 1. Die körperliche Beschaffenheit des Hahnes.

Der gesunde Hahn zeigt zur Heckzeit eine ungemein große Lust zum Singen. Jedes Geräusch, das Gezwitscher der Weibchen aus der Ferne löst ihm die Stimme und mit unbändigen, kraft- und schwungvollen Gebärden treibt er in seiner kleinen Zelle. Das feurige Rufen, die glattschlanke Figur, der eingefallene, fleischfarbene Hinterleib mit kegelspitzenartig nach hinten gerichtetem Steiße, der gelbweiß aufgespitzte Kot sind äußere Anzeichen eines gesunden Vogels, dessen Heckreife und Heckfähigkeit kaum anzuzweifeln sind.

Der kranke Hahn zeigt weniger Temperament, sträubt sein Gefieder, zieht den Kopf ein, hängt die Flügel, sitzt stets fressend und futterschrotend am Futternapfe und singt faul, abgebrochen und trauernd. Der trübe Blick, die Neigung zum Schlafe, die schlaffen, müden Bewegungen charakterisieren den Kranken. Ein Blick auf Hinterleib und Kot kann feststellen, wo das Übel sitzt. Wir nehmen den Vogel zur Hand und blasen ihm die Bauchfedern auseinander. Ein dick aufgetriebener Hängeleib, aus dem blasenartige Anschwellungen oder rotentzündete Gedärme mit blauschwarzem Inhalt durchscheinen, warnt uns vor der Verwendung eines solchen Vogels zur Zucht.

Gesunde und kranke Vögel sind den Kursusteilnehmern in natura vorzuführen und auf die soeben angeführten Merkmale zu untersuchen.

Außer der Gesundheit ist beim Hahne der Gesang zu berück=
sichtigen. Wer gute Sänger heranbilden will, muß auch gute
Hähne in die Hecke nehmen mit markanten tiefen Touren. Wie
der Same, so die Frucht! Wie die Erfahrung gelehrt hat, ver=
erben die Hähne ihre gesanglichen Fähigkeiten auf die Jungen.
Die Fähigkeit des Tiefsingens ist vor allem bei der Auswahl
eines Heckhahnes als eine kostbare Perle in erster Linie aus=
schlaggebend und erst in zweiter Linie kommt die Reinheit bezw.
Fehlerlosigkeit des Liedes in Betracht. Zu den Tieftouren rechnen
wir die Koller, die Knorren, die Hohlrollen, die kullernden
Touren, die Wasserrollen, Hohlgluckrollen und Schockeln.

Hohlklingeln, Klingeln, Schwirren, Klingelrollen und Pfeifen
sind für die Zuchtwahl weniger ausschlaggebend, obwohl sie ja
teilweise ganz schöne Ausschmückungstouren im Liede sein können.
Aber wir finden sie bei allen Gesangsrichtungen. Auch die
Fehlertouren vererben sich, d. h. die Jungen bringen die Fehler
aus sich selbst, oder nehmen sie leicht an, sobald ein fehlerhafter
Vorsänger vorgesetzt wird oder wenn die Heckvögel mit ihren
Fehlern zu lange bei den Jungen gelassen werden.

Welche Fehler darf ein gesunder Heckhahn haben?

a) Aufzüge, bei sonst tiefer Veranlagung,
b) Schwirren, wenn sie nicht schnetterartig sind und bei
    sonst noch tiefen Gesangstouren,
c) harte und spitze Pfeifen unter der gleichen Voraus=
    setzung,
d) vorübergehend leichte Schnarre bei sonst vorzüglich tiefer
    Begabung.

Von der Zucht auszuschließen sind:

a) leichte, dünne Mittelvögel mit monotonem Gesange,
b) Schnettervögel,
c) Schappervögel mit Zitt und Schapp,
d) Vögel mit langen, reißenden Schnetterschwirren,
e) Vögel mit flachen, häßlichen Wasserrollen und fehler=
    haften Glucken,
f) Vögel mit breiten, langen, sich oft wiederholenden Nasen=
    touren und wiederholt scharfen Stoß= und Spitzpfeifen,
g) häßliche Lockrufe.

Unter diesen Gesichtspunkten sind die Hähne vor Heckbeginn zu
mustern und die geeigneten zur Zucht zu verwenden.

Gesunde Weibchen erkennt man an den graziösen Be=
wegungen und der sauberen, schlanken Haltung; kurz gebaute
Weibchen mit gebeugter Haltung, mit nicht glattanliegenden
Flügeln und Federn, keuchende, leicht erschreckbare Tiere schalte
man vom Heckbetriebe aus. Bei der Untersuchung nimmt man
die Weibchen in die Hand und befühlt sie an der Brust. Spitz=
brüstige, fleischleere, leichte Tiere müssen wegen Unterernährung
ausscheiden. Dickfleischige, vollbrüstige Weibchen sind brauchbar,
wenn der Hinterleib eingefallen und mit einer leichten gelblich=
weißen Speckschicht überzogen ist. Gedärme dürfen nicht hervor=
treten, rote entzündete Stellen deuten auf eine innere Erkrankung
hin. Dunkelbraune Stellen direkt unterhalb des Brustbeins
heißen Leberflecken. Sie verraten, daß der Vogel leberleidend
ist; er ist von der Hecke auszuschließen. Der Kot ist wie bei
Hähnen gelbweiß, feinspitzig und wurmförmig. (Kranke und
gesunde Weibchen vorzeigen!)

Neben der Gesundheit sind bei der Auswahl der Weibchen
noch weitere Eigenschaften betr. Fütterns, Federrupfens usw. in
Erwägung zu ziehen und endlich die Abstammung.

Man kann in den meisten Fällen damit rechnen, daß junge
Weibchen, deren Mütter gut fütterten, diese gute Eigenschaft durch
Vererbung beibehalten. Reichliches, andauerndes Füttern, mög=
lichst langes Bedecken der Jungen (bis zu 15 und 17 Tagen)
sind von unschätzbarem Werte für die Jungen.

Schlechte Eigenschaften sind: übergroße Scheu, hastiges
Abfliegen vom Nest, wobei Eier herausgeworfen werden; Zank
und Abneigung gegen den Hahn, wodurch oft unbefruchtete
Eier gelegt werden; Streitsucht mit anderen Weibchen, Zerstörung
der Nester, große Unreinlichkeit, Anpicken und Fressen der Eier,
Verstümmelung der Jungen durch Abfressen der zarten Zehen,
zu festes Aufsitzen und häufiges Drehen auf den Jungen, wobei
Beinverdrehnngen entstehen und endlich allzufrüher Beginn eines
neuen Geleges. (Über diese Eigenschaften sind Aufzeichnungen
ins Zuchtstammbuch zu machen.)

Da sich die Untugend des Federrupfens auch auf die Jungen
vererbt und die so gerupften Jungen in der normalen Ent=
wickelung schwer gehemmt und geschwächt werden, sollte man
solche Weibchen nicht zur Zucht nehmen.

Bezüglich des Alters der Zuchtweibchen können keine be=
stimmten Ratschläge erteilt werden. Gute, bewährte Weibchen
behält man, solange sie heckfähig und gesund sind, 4—5 Jahre.

Von den jungen Weibchen behält man solche aus der ersten und zweiten Brut; die aus der dritten und vierten Brut sollen möglichst spät zur Hecke kommen, damit sie auch körperlich gut entwickelt sind.

Bei der Gesangskanarienzucht spielt die edle Abstammung der Weibchen eine große Rolle. Äußerlich erkennt man das edle Blut schon an dem weichen, tiefen, tönenden Lockrufe. Näselnde oder heisere, breite oder schrille, spitze oder schappernde Lockrufe können, auf die gesangslustige Nachkommenschaft vererbt oder von ihnen gehört, entedelnd einwirken. Die Erfahrung hat uns gelehrt, daß die Jungen von Weibchen aus unedlen Gesangsstämmen eine große Neigung zum Urgesang, dem schlechten Liede haben; andrerseits ist erwiesen, daß aus Verbindungen mit edlen Stammblutweibchen die besten Erfolge zu verzeichnen sind. Also wähle man Weibchen edler Abstammung.

Vom Weibchen muß der Züchter darum wissen, welche Anlagen und Fähigkeiten die Eltern und Brüder hatten, die auch im Weibchen schlummern und ob es häßliche Lockrufe 2c. zu singen beliebt; vom Hahn soll er wissen, ob er einem edlen, gut durchgezüchteten Stamme entsprossen, oder ob er ein zufälliges Produkt einer willkürlichen Paarung ist. Hat der Züchter dies alles erforscht und berücksichtigt bei der Auswahl der Tiere, so kann er hoffnungsvoll der kommenden Hecke entgegensehen.

Im ersten Zuchtjahre wäre es ratsam mit vier Hähnen und vier Weibchen einen guten Stamm zu begründen. Das Züchten mit einem Paare zwänge den Züchter schon im zweiten Jahre zum Ankauf von Vögeln, da sonst Vater, Tochter, Mutter, Sohn und Geschwister zusammen gesetzt werden müßten. Wer also ein Paar züchtet, ist kein Stammzüchter.

Das Züchten mit zwei Paaren führt im dritten Jahre zur nahen Inzucht, weil da im günstigsten Falle die Kinder der Geschwister zusammen gepaart werden müßten. Diese nahe Verwandtschaft ist sehr bedenklich. Es müßte also fürs dritte Zuchtjahr frisches Blut beschafft werden. Von einem Durchzüchten eines Stammes kann in diesem Falle ebenfalls nicht gesprochen werden.

Das Züchten mit drei Paaren führt im dritten Jahre ebenfalls zur Inzucht, welche durch Blutwechsel umgangen werden könnte. Die Losung des Stammzüchters muß heißen: Durchzüchten solange es sich mit dem Verwandtschaftsgrade der Vögel verträgt.

Zur Betreibung einer Stammzucht müssen mindestens vier Paare, resp. vier verschiedene, jedoch gesangsverwandte Zucht= paare einer Stammesrichtung dem Stammbaum zu Grunde gelegt werden. Damit kann man vier Jahre züchten, ohne direkte Inzucht zu betreiben. Aus jedem Zuchtjahre reserviere man die besten Zuchthähne und Hennen und nehme, wenn möglich, stets Jungtiere. Im vierten Jahre gibt es Inzucht unter Tieren, welche im vierten Grade verwandt sind. Diese einmalige In= zucht kann nicht schaden, da die Blutverwandtschaft weitläufig und die Zuchttiere gesund und keine Degenerationsprodukte sind. Im fünften Zuchtjahre muß teils Blutauffrischung vorgenommen werden.

**Zuchttabelle: Die Durchzüchtung von vier Paaren Gesangskanarien bei Vermeidung direkter Inzucht (Praktische Veranschaulichung).**

An einem praktischen Beispiele sei nachstehend veranschau= licht, wie mit vier Zuchtpaaren Stammzucht betrieben werden kann, damit die Tiere im Blute einander näher gebracht und die Stammeseigenheiten befestigt und qualitativ mehr und mehr ausgeprägt und vervollkommnet werden können.

### Erstes Zuchtjahr 1909.

Annahme: Die im ersten Zuchtjahre hier verwendeten Hähne und Weibchen sind keine Inzuchtsprodukte und gegen= seitig nicht blutsverwandt, jedoch gesangsverwandt. Stammes= tour: Koller. ♂ = Hahn; ♀ = Weibchen; Ziffern bedeuten Ring=Nr.; die unterstrichenen Nummern sind die Zuchttiere fürs nächste Zuchtjahr.

| **Zuchtpaar A.** | | | |
|---|---|---|---|
| 08 ♂ 12 ✕ 08 ♀ 22 | | | |

| | | | | |
|---|---|---|---|---|
| 1. Brut: | ♂ | ♀ | ♂ | ♀ |
| | 1 | 2 | 3 | 4 |
| 2. „ | ♀ | ♀ | ♂ | ♂ |
| | 17 | 18 | 19 | 20 |
| 3. „ | ♂ | ♂ | ♀ | ♂ |
| | 31 | 32 | 33 | 34 |

| **Zuchtpaar B.** | | | |
|---|---|---|---|
| 08 ♂ 21 ✕ 08 ♀ 39 | | | |

| | | | | |
|---|---|---|---|---|
| 1. Brut: | ♀ | ♂ | ♂ | |
| | 5 | 6 | 7 | |
| 2. „ | ♂ | ♂ | ♀ | ♀ |
| | 21 | 22 | 23 | 24 |
| 3. „ | ♂ | ♀ | ♀ | |
| | 35 | 36 | 37 | |

**Zuchtpaar C.**

08♂4 × 08♀19

| 1. Brut: | ♂ | ♀ | ♀ | ♂ |
|---|---|---|---|---|
|  | 8 | 9 | 10 | 11 |
| 2.  „ | ♂ | ♂ | ♀ |  |
|  | 25 | 26 | 27 |  |
| 3.  „ | ♂ |  |  |  |
|  | 38 |  |  |  |

**Zuchtpaar D.**

08♂27 × 08♀44

| 1. Brut: | ♀ | ♀ | ♂ | ♀ | ♂ |
|---|---|---|---|---|---|
|  | 12 | 13 | 14 | 15 | 16 |
| 2.  „ | ♀ | ♀ | ♂ |  |  |
|  | 28 | 29 | 30 |  |  |
| 3.  „ | ♂ | ♂ | ♀ | ♂ |  |
|  | 39 | 40 | 41 | 32 |  |

Resultat: Sämtliche Hähne haben gut vererbt; die Stammestour, Koller, hat sich auf alle Junghähne übertragen; Nr. 34 bringt sie besonders schön. Die Weibchen fütterten gut.

## Zweites Zuchtjahr 1910.

### I. Auswahl der Zuchttiere.

1. Vogel Nr. 34 ist Vorsänger, wird nicht geheckt, weil sehr gute Heckhähne vorhanden sind.
2. A=Linie 09♂3; 09♀2; 09♀33. B=Linie 09♂6; 09♀5; 09♀23. C=Linie 09♂11; 09♀9; 09♀10. D=Linie 09♂14; 09♀15; 09♂28.

### II. Paarungen.

1. Paarung: Hahn der A=Linie mit Weibchen der B=Linie.

09♂3 × 09♀5

| 1. Brut: | ♂ | ♂ | ♂ | ♀ |
|---|---|---|---|---|
|  | 1 | 2 | 3 | 4 |
| 2.  „ | ♀ | ♂ | ♀ | ♂ |
|  | 28 | 29 | 30 | 31 |
| 3.  „ | ♂ | ♀ |  |  |
|  | 53 | 54 |  |  |

09♂3 × 09♀23

| 1. Brut: | ♂ | ♀ |  |
|---|---|---|---|
|  | 5 | 6 |  |
| 2.  „ | ♂ | ♀ | ♀ |
|  | 32 | 33 | 34 |
| 3.  „ | ♂ | ♀ |  |
|  | 55 | 56 |  |

2. Paarung: Hahn der B=Linie mit Weibchen der A=Linie.

09♂6 × 09♀2

| 1. Brut: | ♂ | ♂ | ♀ |  |
|---|---|---|---|---|
|  | 7 | 8 | 9 |  |
| 2.  „ | ♀ | ♀ | ♀ | ♂ |
|  | 35 | 36 | 37 | 38 |
| 3.  „ | ♂ | ♀ |  |  |
|  | 57 | 58 |  |  |

09♂6 × 09♀33

| 1. Brut: | ♂ | ♀ | ♂ | ♀ |
|---|---|---|---|---|
|  | 10 | 11 | 12 | 13 |
| 2.  „ | ♂ | ♀ |  |  |
|  | 39 | 40 |  |  |
| 3.  „ | ♀ | ♀ | ♀ |  |
|  | 59 | 60 | 61 |  |

3. **Paarung:** Hahn aus C=Linie mit Weibchen aus D=Linie.

| 09 ♂ 11 ✕ 09 ♀ 15 | | | | |
|---|---|---|---|---|
| 1. Brut: | ♀ | ♂ | ♂ | ♀ | ♂ |
| | 14 | 15 | 16 | 17 | 18 |
| 2. „ | ♀ | ♀ | | | |
| | 41 | 42 | | | |
| 3. „ | ♂ | ♂ | ♀ | | |
| | 62 | 63 | 64 | | |

| 09 ♂ 11 ✕ 09 ♀ 28 | | | | |
|---|---|---|---|---|
| 1. Brut: | ♀ | ♂ | ♀ | |
| | 19 | 20 | 21 | |
| 2. „ | ♀ | ♂ | | |
| | 43 | 44 | | |
| 3. „ | ♂ | ♂ | ♀ | ♂ |
| | 65 | 66 | 67 | 68 |

4. **Paarung:** Hahn aus D=Linie mit Weibchen aus C=Linie.

| 09 ♂ 14 ✕ 09 ♀ 9 | | | |
|---|---|---|---|
| 1. Brut: | ♂ | ♀ | ♀ |
| | 22 | 23 | 24 |
| 2. „ | ♂ | ♂ | ♂ | ♀ |
| | 45 | 46 | 47 | 48 |
| 3. „ | ♂ | ♀ | ♂ |
| | 69 | 70 | 71 |

| 09 ♂ 14 ✕ 09 ♀ 10 | | | |
|---|---|---|---|
| 1. Brut: | ♂ | ♀ | ♂ |
| | 25 | 26 | 27 |
| 2. „ | ♀ | ♂ | ♂ | ♀ |
| | 49 | 50 | 51 | 52 |
| 3. „ | ♂ | ♀ | | |
| | 72 | 73 | | |

Resultat: Hahn Nr. 55 ist der beste Sänger; die Koller hat sich im allgemeinen gut ausgeprägt. Weibchen fütterten gut.

## Drittes Zuchtjahr 1911.

### I. Auswahl der Zuchttiere.

1. **Vorsänger:** Vogel Nr. 55 ist Vorsänger, ebenso Vogel Nr. 34 vom Zuchtjahre 1909. Vogel Nr. 10 ♂ 55 wird nicht geheckt.

2. **Heckvögel:**

    a) 09 ♀ 34 (der Vorsänger von 1910, stammend aus der A=Linie des Zuchtjahres 1909),
        09 ♀ 23 (aus der B=Linie von 1909),
        10 ♀ 42 (aus der C—D=Linie von 1910),
    b) aus der A—B=Linie (1910): 10 ♂ 5; 10 ♀ 6; 10 ♀ 56.
      „   „   B—A=Linie (1910): 10 ♂ 12; 10 ♀ 11; 10 ♂ 59.
      „   „   C—D=Linie (1910): 10 ♂ 18; 10 ♀ 14; 10 ♀ 17.
      „   „   D—C=Linie (1910): 10 ♂ 22; 10 ♀ 24; 10 ♀ 47.

## II. Paarungen:

### 1. Paarung:

| 09 ♂ 34 × 09 ♀ 23 (A- × B-Linie) | | | | 09 ♀ 34 × 10 ♀ 42 | | | |
|---|---|---|---|---|---|---|---|
| **1. Brut:** ♂ 1 | ♀ 2 | ♂ 3 | | **1. Brut:** ♂ 4 | ♀ 5 | | |
| **2. „** ♂ 27 | ♀ 28 | ♀ 29 | ♂ 30 | **2. „** ♂ 31 | ♀ 32 | | |
| **3. „** ♂ 61 | ♀ 62 | ♂ 63 | ♂ 64 | **3. „** ♂ 65 | ♂ 66 | ♀ 67 | ♀ 68 |

### 2. Paarung: Hahn der A—B-Linie × Weibchen der C—D-Linie.

| 10 ♂ 5 × 10 ♀ 14 | | | | 10 ♂ 5 × 10 ♀ 17 | | | | |
|---|---|---|---|---|---|---|---|---|
| **1. Brut:** ♂ 6 | ♀ 7 | ♂ 8 | | **1. Brut:** ♂ 9 | ♀ 10 | | | |
| **2. „** ♀ 33 | | | | **2. „** ♀ 34 | ♀ 35 | ♂ 36 | ♂ 37 | ♀ 38 |
| **3. „** ♂ 69 | ♂ 70 | ♀ 71 | | **3. „** ♂ 72 | ♀ 73 | ♀ 74 | | |

### 3. Paarung: Hahn der C—D-Linie × Weibchen der A—B-Linie.

| 10 ♂ 18 × 10 ♀ 56 | | | | 10 ♂ 18 × 10 ♀ 6 | | | | |
|---|---|---|---|---|---|---|---|---|
| **1. Brut:** ♂ 11 | ♀ 12 | ♂ 13 | | **1. Brut:** ♂ 14 | ♀ 15 | | | |
| **2. „** ♀ 39 | ♂ 40 | ♂ 41 | ♀ 42 | **2. „** ♂ 43 | ♂ 44 | ♀ 45 | | |
| **3. „** ♂ 75 | | | | **3. „** ♂ 76 | ♀ 77 | ♀ 78 | ♂ 79 | |

### 4. Paarung: Hahn der A—B-Linie × Weibchen der D—C-Linie.

| 10 ♂ 12 × 10 ♀ 24 | | | | 10 ♂ 12 × 10 ♀ 47 | | | |
|---|---|---|---|---|---|---|---|
| **1. Brut:** ♂ 16 | ♀ 17 | ♂ 18 | ♂ 19 | **1. Brut:** ♂ 20 | ♂ 21 | | |
| **2. „** ♀ 46 | ♀ 47 | ♂ 48 | ♂ 49 | **2. „** ♀ 50 | ♀ 51 | ♂ 52 | |
| **3. „** ♂ 80 | ♂ 81 | ♀ 82 | | **3. „** ♂ 83 | ♂ 84 | ♀ 85 | ♀ 86 |

5. **Paarung: Hahn der D—C=Linie × Weibchen der B—A=Linie.**

$10 ♂ 22 × 10 ♀ 11$

| 1. Brut: | ♀ | ♂ | |
| --- | --- | --- | --- |
| | 22 | 23 | |
| 2. „ | ♂ | ♂ | ♂ | ♀ |
| | 53 | 54 | 55 | <u>56</u> |
| 3. „ | ♂ | ♀ | |
| | 87 | 88 | |

$10 ♂ 22 × 10 ♀ 59$

| 1. Brut: | ♂ | ♂ | ♀ | |
| --- | --- | --- | --- | --- |
| | 24 | 25 | 26 | |
| 2. „ | ♂ | ♂ | <u>♀</u> | ♀ |
| | 57 | 58 | 59 | 60 |
| 3. „ | ♂ | ♂ | ♀ | |
| | 89 | 90 | 91 | |

Resultat: Weibchen haben gut gefüttert. Hahn der 1. Paarung Nr. 34 hat sehr gut vererbt in dem Jungen 11 ♂ 3. Die Koller ist hier besonders schön und klangvoll. Prima Hähne sind Nr. 3, 11, 13.

## Viertes Zuchtjahr 1912.

### I. Auswahl der Zuchttiere:

1. Vorsänger: 11 ♂ 3 (wird nicht geheckt);
2. „ 09 ♂ 34;
3. „ 10 ♂ 55.

Im 4. Jahre betreibe ich eine erlaubte Inzucht, welche nicht nachteilig wirken dürfte; in den 3 Zuchtjahren sind die Vögel gesanglich und blutverwandtschaftlich einander näher gebracht worden. Ich erhoffe durch diese Inzucht, die Stammestour Koller den Tieren recht intensiv einzuverleiben, um prozentual recht gute Kollervögel, wirkliche Stammvögel, zu erhalten.

Heckhähne sind:        Heckweibchen sind:

09 ♂ 34; 11 ♂ 11        11 ♀ 12; 11 ♀ 7; 11 ♀ 26; 11 ♀ 35
10 ♂ 55; 11 ♂ 13        11 ♀ 39; 11 ♀ 42; 11 ♀ 56; 11 ♀ 33

### II. Paarungen:

#### 1. Paarung:

$09 ♂ 34 × 11 ♀ 12$

| 1. Brut: | ♂ | ♀ | ♂ | |
| --- | --- | --- | --- | --- |
| | 1 | 2 | 3 | |
| 2. „ | ♀ | ♂ | |
| | 28 | 29 | |
| 3. „ | ♂ | ♂ | ♀ | ♂ |
| | <u>53</u> | 54 | 55 | 56 |

$09 ♂ 34 × 11 ♀ 30$

| 1. Brut: | ♂ | ♀ | ♂ | |
| --- | --- | --- | --- | --- |
| | 4 | 5 | 6 | |
| 2. „ | ♂ | ♀ | ♀ | ♂ |
| | 30 | 31 | 32 | 33 |
| 3. „ | ♂ | ♀ | ♀ | |
| | 57 | 58 | 58 | |

## 2. Paarung:

10 ♂ 55 ⨯ 11 ♀ 42

| 1. Brut: | ♀ | ♀ | ♀ | ♂ | ♂ |
|---|---|---|---|---|---|
| | 7 | 8 | 9 | 10 | 11 |
| 2. „ | ♂ | ♀ | ♂ | | |
| | 34 | 35 | 36 | | |
| 3. „ | ♂ | ♂ | ♀ | | |
| | 60 | 61 | 62 | | |

10 ♂ 55 ⨯ 11 ♀ 7

| 1. Brut: | ♂ | ♂ | ♀ | ♂ |
|---|---|---|---|---|
| | 12 | 13 | 14 | 15 |
| 2. „ | ♂ | ♀ | | |
| | 37 | 38 | | |
| 3. „ | ♂ | ♂ | ♀ | ♂ |
| | 63 | 64 | 65 | 66 |

## 3. Paarung:

11 ♂ 11 ⨯ 11 ♀ 33

| 1. Brut: | ♂ | ♂ | ♀ | ♀ |
|---|---|---|---|---|
| | 16 | 17 | 18 | 19 |
| 2. „ | ♀ | ♀ | ♂ | ♀ |
| | 39 | 40 | 41 | 42 |
| 3. „ | ♂ | | | |
| | 67 | | | |

11 ♂ 11 ⨯ 11 ♀ 35

| 1. Brut: | ♂ | ♂ | ♂ | |
|---|---|---|---|---|
| | 20 | 21 | 22 | |
| 2. „ | ♂ | ♀ | ♀ | |
| | 43 | 44 | 45 | |
| 2. „ | ♂ | ♂ | ♀ | ♂ |
| | 68 | 69 | 70 | 71 |

## 4. Paarung:

11 ♂ 13 ⨯ 11 ♀ 26

| 1. Brut: | ♂ | ♂ | | |
|---|---|---|---|---|
| | 23 | 24 | | |
| 2. „ | ♂ | ♀ | ♂ | |
| | 46 | 47 | 48 | |
| 3. „ | ♂ | ♂ | ♀ | ♀ |
| | 72 | 73 | 74 . | 75 |

11 ♂ 13 ⨯ 11 ♀ 56

| 1. Brut: | ♂ | ♀ | ♂ | |
|---|---|---|---|---|
| | 25 | 26 | 27 | |
| 2. „ | ♀ | ♀ | ♂ | ♂ |
| | 49 | 50 | 51 | 52 |
| 3. „ | ♂ | ♀ | ♀ | |
| | 76 | 77 | 78 | |

Resultat: 12 prima junge Kollerhähne. (Siehe die unterstrichenen Nummern.)

# Fünftes Zuchtjahr 1913.

## Auswahl der Zuchttiere.

Von den 12 Prima-Hähnen behalte ich die zwei besten als Vorsänger und die weiteren als Heckhähne. Zu letzteren suche ich mir 4 passende Kollerweibchen. Der Vorsänger 11 ♂ 3 wird geheckt mit den Weibchen 11 ♀ 7, 11 ♀ 12, 11 ♀ 42; dies gibt dann Inzucht, die erlaubt ist (4. Grad). Gelingt es mir, einen prima Kollerhahn zu erwerben, so gebe ich diesem 2 meiner Selbstzucht-Kollerweibchen bei. Somit könnte ich die Blutauffrischung mit 4 Linien wieder beginnen und zwar:

1. $11 \male 3 \times 11 \female 7$, $11 \male 3 \times 11 \female 12$, $11 \male 3 \times 11 \female 42$. Die Jungen nenne ich die A-Linie.

2. $12 \male 10 \times 2$ gekauften Kollerweibchen. Die Jungen nenne ich die B-Linie.

3. $12 \male 16 \times 2$ gekauften Kollerweibchen. Die Jungen nenne ich die C-Linie.

4. Ein gekaufter Kollerhahn mit meinen Kollerweibchen $12 \female 7$, $12 \female 8$. Die Jungen nenne ich die D-Linie.

Im Verlaufe des 6., 7. und 8. Jahres verfahre ich wie im 2., 3. und 4. Zuchtjahre, indem ich mir auf Grund meiner Aufzeichnungen im Stammbuch die Tiere der Kreuzungen zur Weiterzucht heraussuche, welche mir in gesundheitlicher und gesanglicher Hinsicht entsprechen. So arbeite ich planmäßig in 4 Zuchtjahren das Blut zusammen und nehme alle 5 Jahre, je nachdem der Erfolg gewesen, Blutauffrischung mit Hähnen oder Weibchen vor.

Wer die Zucht noch größer betreiben will, kann in der A-Linie dem Zuchthahne 3 Weibchen beigeben, ebenso auch in den B-, C-, D-Linien. Je größer die Zucht, um so leichter läßt sich Stammzucht betreiben, weil man dann bei planmäßigem Durchzüchten der einzelnen Linien die Blutauffrischung aus dem eigenen Bestande auf viele Jahre vornehmen könnte und nicht Gefahr liefe, unreellen Züchtern, die keine richtige Stammzucht betreiben, in die Hände zu fallen. Dem Berufszüchter sei die ausgedehntere Stammzucht mit genauester Aufzeichnung der Zuchttiere empfohlen, dann kann auch der Liebhaberzüchter, der kleine Züchter, zur Blutauffrischung beim Berufszüchter seinen Bedarf decken, und es wäre somit beiden gedient.

---

## B. Einrichtung der Hecke.

Bis zur Eröffnung der Hecke hat der Kanarienzüchter mancherlei Vorbereitungen zu treffen. Diese erstrecken sich zunächst auf die Auswahl und Instandsetzung der Heckräume. Der zweckentsprechende Heckraum wird wohl bei den meisten

Liebhaberzüchtern manchen Wunsch unberücksichtigt lassen müssen.
Die beschränkten Wohnungsverhältnisse (in den Städten z. B.)
gestatten nur die Einräumung eines bescheidenen Plätzchens in
der Küche, im Wohnzimmer oder auf dem Korridor. Oft auch
dienen die Dachkammern als Heckraum und sollen gegen letztere
keine Bedenken erhoben werden, wenn sie geheizt werden können
und zugfrei sind. Wer es einrichten kann, wähle den Heckraum
dort, wo das Sonnenlicht einen direkten Zugang hat. Wer
kennt nicht die luftreinigende Wirkung der Sonnenwärme, die
gerade in der Heckstube, wo viel Geruch durch Kot und viel
Staub durch das fortwährende Fliegen die Luft durchschwängern
und allerlei Krankheitserreger (Bazillen) mit sich führen, so
außerordentlich notwendig ist! Das Wachstum der Jungen
in einem sonnendurchwärmten Raume schreitet üppig voran.
Sonnenbäder sind gut für Gesunde und Kranke. Unsere Vögel
nehmen sie mit Vorliebe; sie schütteln dabei das glatte Gefieder
tüchtig durch, dann legen sie sich behaglich mit ausgebreiteten
Flügeln über die Sitzstange und gewähren den Sonnenstrahlen
reichlichen Zutritt in ihr „goldenes“ Kleid. Unsere Heckräume
sollten deshalb stets nach Süden gelegen sein, damit wir unseren
Lieblingen das sehr zuträgliche Lebensbedürfnis gewähren können.
Es soll damit aber keineswegs gesagt sein, daß das Züchten
in nach Norden gelegenen Räumen zweck= oder erfolglos sei.
Große Fenster zur oftmaligen größtmöglichen Lüftung, öfteres
Reinigen der Käfige ersetzt teilweise den Verlust der direkten
Sonnenwärme. Für gleichmäßige Erwärmung der Heckräume
ist zu sorgen. + 12° bis + 16° R dürfen schon vorhanden sein.
Der Mangel an Wärme bringt Verzögerung der Heckreise,
klare Gelege, erstarrte Jungen. Ist der Heckraum richtig aus=
gewählt, so soll er vor der Hecke desinfiziert werden; besonders
dann ist das notwendig, wenn über Winter die Weibchen darin
gehalten worden sind. Auf einer eisernen Unterlage entzündet
man 2—3 Stücke Schwefel und stellt die brennenden Massen in
den Raum. Natürlich müssen Fenster und Tür gut schließen
und die Vögel selbstredend herausgenommen sein. Der Schwefel=
dunst tötet alle schädlichen Bazillen.

Das Herrichten der Käfige muß vor dem Einsatz der Zucht=
tiere erfolgen, um Störungen zu vermeiden. Drahtkäfige werden
durch heißes Sodawasser blank gescheuert. Die Holzkäfige erhalten
innen einen blütenweißen Anstrich aus Schlemmkreide, nachdem
zuvor die Fugen, Ritzen und Astlöcher mit Kitt ausgeschmiert

worden sind. Auch die Nägel zum Aufhängen der Nester sollen
vorher richtig eingeschlagen werden.

Die Einrichtung der Hecke muß der Heckart entsprechen.
Wir unterscheiden eine Flughecke, eine Käfighecke, eine Einzel-
Wechselhecke und eine Einzelhecke.

## Die Flughecke.

(Mehrere Hähne und mehrere Weibchen beisammen in einem größeren
Flugraume.)

Es gewährt dem Laien und Vogelfreunde einen zeitver-
treibenden Anblick, in einem als Käfig ausgestatteten Zimmer
oder einer sonstigen großen Flughecke eine größere Anzahl ver-
schiedenfarbiger Kanarien in ihrem Liebeswerben und Liebes-
leben zu beobachten. Das Züchten in solch großen, stark be-
völkerten Räumen ist trotz der leichteren und bequemeren Ver-
pflegung nicht so einfach und die Liebesneigungen, Liebeskämpfe,
Eifersüchteleien und sonstige in Leidenschaft entbrannten Triebes-
äußerungen haben dem Züchter schon manche Hoffnung vernichtet. Die Flughecke ist, obwohl sie den Vögeln ihre Bedürfnisse nach Flug in weitgehendstem Maße gewährt, heutzutage
nicht mehr modern. Der moderne Züchter treibt in erster Linie
Gesangskultur. Deshalb ist es notwendig zu wissen, von welchen
Eltern die Jungen abstammen. Im großen Flugraume, wo die
„Vielehe" dominiert, ist eine Kontrolle darüber unmöglich.

Weitere Mißstände zeigte die Flughecke in den erbitterten
Kämpfen der Hähne mit ihren Rivalen einerseits und der
Weibchen unter sich andrerseits. Eine verhältnismäßig früh ein-
setzende Ermattung beiderseits und baldigst eintretende Heck-
unfähigkeit sind gleichfalls Nachteile. Die Hähne verlieren in
diesen schweren, stetigen Liebeskämpfen die Schönheit und Weichheit ihres Gesanges, kleinere leichtere Fehlerstücke arten in häßliche Fehler aus (besonders Aufzüge, Klingeln, Schwirren und
spitze Pfeifen), die dann auch auf die im Neste sitzende oder im
Flugraume schon studierende Jugend verderblich einwirken.

Auch der Heckbetrieb leidet not. Beim Nestbau, Brüten
und Aufziehen der Jungen treten allerlei Störungen ein. Manche
Weibchen bauen zusammen, streiten sich um den Nistkasten,
legen die Eier zusammen, so daß man die mütterliche Abstammung
der Jungen nicht mehr feststellen kann, zertreten beim Kampfe
die Eier, fliegen beim Singen der Hähne ab und werfen die Eier

heraus, bleiben zu lange vom Nest, daß die Eier erkalten und der Embryo abstirbt. Wieder andere Weibchen fliegen nicht von ihrem Neste ab, wenn Junge da sind aus Furcht, die „böse Nachbarin" könnte schaden. So werden die Jungen tot oder zu Krüppeln gedrückt. Viele Mutter=Weibchen können in der Flughecke ihre Jungen nicht hinreichend füttern, da es häufig vorkommt, daß die übrigen Heckbewohner das Ei= oder Biskuit= futter vornweg fressen. Endlich ist es auch sehr schwierig, erkrankte Vögel in der Flughecke sofort zu erkennen oder Störenfriede auszusetzen. Erfahrungsgemäß fällt unter diesen möglichen, nach= teiligen Umständen die Nachzucht nicht so reichlich aus, wie man erwarten könnte. All diese Nachteile, besonders aber die gesang= lichen, führten unsere Züchter auf den Gedanken, die Zucht in kleineren Käfigen zu betreiben.

## Die Käfighecke.

(Ein Hahn bei drei bis vier Weibchen in einem großen Käfig von mindestens 1,20 m Länge, 0,60 m Höhe und 0,50 m Tiefe.)

Diese Heckart gibt uns vor allem Aufschluß über die väter= liche Abstammung der Jungen. In gesanglicher Hinsicht sind gegen diese Hecke keine Bedenken vorzubringen. Sie hat jedoch alle sonstigen Nachteile, wie sie vorhergehend bei der Flughecke aufgezählt sind.

Um auch diese Nachteile zu beheben, gingen die Züchter daran, die „Vielehe" beizubehalten, jedoch jedem Weibchen eine besondere abgeschlossene Behausung anzuweisen, in der es zur Begattungszeit den Hahn vorübergehend zugesellt erhält zum Zwecke der Befruchtung.

Diese Heckart nennt man die Einzelwechselhecke; Einzel= hecke, weil jedes Weibchen einzeln sitzt, Wechselhecke, weil drei bis vier Weibchen von einem Hahn wechselweise getreten werden. Auf diese Weise ist uns ein genaues Verbuchen in der Stammrolle (Zuchtstammbuch) möglich über Begattung, Befruch= tungserfolg und Abstammung. Wenn das Weibchen das Nest= bauen beginnt, wird der Hahn am Abend oder am Morgen beigegeben und nach dem Begattungsakte herausgenommen. Dieser Vorgang wiederholt sich so lange, bis das zweite Ei gelegt ist. Das Weibchen legt seinen Satz an Eiern ab, brütet und zieht die Jungen allein auf. Inzwischen kommt der Hahn zum zweiten oder dritten Weibchen. Bei diesem Heckbetrieb kann man sich mit den wenigen, aber besten Hähnen behelfen, was in gesanglicher Hinsicht wieder recht vorteilhaft ist.

Weitere große Vorteile der Einzelwechselhecke ergeben sich für das Brutgeschäft und die Aufzucht der Jungen. Das Brut= geschäft nimmt einen ruhigeren Verlauf. Sind Junge da, so findet das Weibchen stets seine Futternäpfe gefüllt, kann ohne Störung seine Nahrung aufnehmen und den Jungen bringen. Man erhält quantitativ mehr Vögel als in der Flughecke, weil das einzelne Weibchen seine ganze mütterliche Sorgfalt den Jungen zuwenden kann.

Geteilte Arbeit ist halbe Arbeit! Wo ein Ehepaar in Liebe zusammenarbeitet, wird der Segen nicht ausbleiben, und das ist der Fall bei der

## Einzelhecke.

Sie ist das ununterbrochene natürliche Zusammenleben von einem Hahn und einem Weibchen. Neben den Vorteilen der Einzelwechselhecke kommt hier die Hilfe des Hahnes bei der Auf= zucht der Jungen nutzbringend in Betracht. Auch das den Heck= betrieb oft störende Herausfangen des Hahnes (wie bei der Wechselhecke) ist hier erspart. Wer es einrichten kann, wähle diese Heckart.

Je nach der Heckart muß der Züchter seine Vorbereitungen treffen. Die Käfige sind dementsprechend einzurichten. Für die Einzel= und Einzelwechselhecke nehme man als Mindestmaß die Abteilung zu je 40 cm Länge, Breite und Höhe.

Die Nistkästen aus Holz oder Draht, mit oder ohne Milben= fänger, müssen in genügender Zahl vorhanden sein. Für ein Weibchen nehme man zwei Nistkästen. Die Anbringung der= selben im Innern oder außerhalb des Käfigs ist auf den Heck= betrieb insofern von Einfluß, als man in Erwägung ziehen muß, ob man in einem von Menschen bewohnten Raume die Zucht betreibt. Ist tagsüber niemand im Heckzimmer, so hänge man den Nistkasten außen hin. Im bewohnten Raume hängen die Nester besser innen. Sie werden nicht leicht heruntergestoßen, auch fühlt sich das brütende Weibchen sicherer und ungestörter.

Die Sitzstangen sind nicht zu nahe an der Decke und an den Seitenwänden anzubringen, damit die Begattung nicht beeinträchtigt wird. Bei der Einzel= und Einzelwechselhecke genügen zwei Sitzstangen; bei der Flug= und Käfighecke sind entsprechend mehr — je nach Anzahl der Tiere und Größe des Raumes — zu verwenden. Nicht zu dick und nicht zu dünn, nicht zu kantig und nicht zu glatt sollen die Sitzstangen sein, damit die Vögel auch gut darauf ruhen können. Etwa 1½ cm Durchmesser dürfte die passende Dicke sein. Empfehlenswert ist es, die Sprunghölzer an den Enden auf etwa 2 cm auszuhöhlen, damit sich hier die Milben einsetzen können. Wenn sich ihnen in dieser Form eine Niederlassungsgelegenheit bietet, dann sammeln sie sich hier an und der Züchter kann sie bequem und ohne Störung des Heckbetriebes töten.

Die Fütterung kann außen oder innen angebracht werden; es ist jedoch darauf zu achten, daß der Inhalt der Futtergefäße durch Vogelkot nicht beschmutzt und von badenden oder trinkenden Vögeln nicht bespritzt werden kann.

---

# C. Der Heckbetrieb.

Das Verlangen nach häuslichem Glück tritt bei jenen Vögeln (Hähnen wie Weibchen) früher hervor, welche sich das ganze Jahr hindurch hören und durch allerlei Lockrufe verständigen. Im warmen Raume regt sich sodann frühzeitigst der Geschlechtstrieb und nicht selten sieht sich der Züchter genötigt, schon im Januar die Hecke zu eröffnen, um dem Legen von Schiereiern zu begegnen.

Hähne und Weibchen, die sich nicht sehen und nicht hören, werden nicht allzu früh hecklustig, besonders dann nicht, wenn sie in kälterem Raume (+ 8° bis + 11°) gehalten werden. Bei ihnen regt sich erst Ende Februar, anfangs März der „Hecktrieb".

Das allzufrühe Züchten bringt den einzigen Vorteil, daß man frühzeitigst gesangsfertige Hähne erhält; indes zeigt die Erfahrung aber, daß auch Hähne aus den letzten Bruten bis zur Ausstellung im Gesang noch fertig werden und es sind dies nicht einmal die schlechtesten Künstler. Das frühe Züchten hat mancherlei Nachteile: schiere, d. h. unbefruchtete Eier können häufiger gelegt werden, weil Hahn oder Weibchen an den in Betracht kommenden Organen noch nicht genügend vorgebildet, demnach unempfänglich sind. So gibt es oft auch kleine, schwache, unregelmäßige Gelege. Die kalten Wintertage verlangen eine gleichmäßig durchwärmte Heckstube, also Auslagen für Kohlen. Die langen Winternächte bedingen ein Beleuchten des Heck= raumes am Abend und in der Frühe. Es gibt Auslagen für Licht. Also vermehrte Arbeitsleistung des Züchters und erhöhte Aus= gaben an Licht und Brand. Durch den vorzeitigen Heckbeginn sind die Weibchen bis zu den Monaten Mai und Juni so ab= gelegt und geschwächt, daß sie in die Mauser kommen. Und gerade in dieser Zeit gedeihen unsere Jungen infolge des Ein= flusses der Naturwärme und der Luftreinheit am besten. Kräftige, gutgenährte Jungen aber sind des Züchters Grundstock für die fernere Zucht. „Treibhauspflanzen" degenerieren.

Wann soll man nun die Hecke beginnen? Je später, desto besser! Wenn man anfangs März einsetzt, so kann man bei normalem Verlauf bis Mitte oder Ende August die Hecke be= schließen. In unheizbaren Räumen empfiehlt es sich zu warten bis Mitte April. Mehr als drei Bruten sollte man im Interesse der Gesunderhaltung der Zuchttiere und zur Verhütung einer Degeneration der späteren Nachkommen nicht machen lassen.

Bevor man die Hähne zu den Weibchen setzt, gebe man ihnen Gelegenheit zum Fliegen, denn durch die lange Einzelhaft im kleinen Bauer ist die Flugkraft erlahmt und das Flug= geschick verloren gegangen. Da die Vögel sich unmittelbar nach dem Zusammensetzen stark bekämpfen (Paarungskämpfe), würde der nicht fluggewandte Hahn einem recht grimmigen Weibchen gegenüber nicht Widerstand leisten können. Hat aber der Hahn seine alte Flugfertigkeit wieder erlangt, was in 3 bis 4 Tagen eingeholt sein kann, so ist er seiner Partnerin vollauf gewachsen. Gegen die Paarungskämpfe hat der Züchter nichts zu tun, als beobachtend zuzuwarten und erst dann einzuschreiten, wenn Ge= fahr für Gesundheit und Leben eines der Hecktiere besteht. Man setzt dann die beiden Tiere einzeln (nimmt den Hahn heraus), oder wenn sich beide nach 5 bis 8 Tagen noch nicht vertragen, probiere man es mit einem anderen Hahn, der womöglich auch ein anderes Federkleid trägt. Manche unserer „kanarischen Damen" sind eitel genug, um auch noch Ansprüche auf ein ihr zusagendes Federkleid ihres „Zukünftigen" zu erheben. Wer die Einzelwechselhecke betreibt und in der Dämmerung die Hähne beisetzt, hat mit den Paarungskämpfen fast keine Umstände; das Fliegen von einer Sitzstange zur andern im kleinen Einzel= käfig strengt auch weniger an. Wenn Kämpfe stattfinden, so gibt die hereinbrechende Nacht genügend Zeit zur Ruhe und

Erholung. Über Tag kommt der Hahn vom Weibchen weg; beide Teile können sich so wieder kräftigen und vorbereiten für die kommende Dämmerstunde.

Man braucht um die Befruchtung keine Sorge zu tragen. In der kurzen Zeit des Zusammenseins gibt es sicher ein „schwaches Stündchen", das zur Begattung vollauf genügt. Wer in großen Flug= oder Gesellschaftshecken züchtet, dem ist ein früheres Einsetzen des Hahnes in den großen Flugraum an= zuraten. Die Weibchen gebe man dann erst nach 10 bis 14 Tagen bei. Hier kann man die Beobachtung machen, daß der Hahn unter den beigegebenen Weibchen sich für e i n e Liebesgefährtin entschließt, sich an sie paart, sie auf dem Neste besucht, mit ihr schnäbelt, ihre Jungen füttert, während er die übrigen Weibchen kaum beachtet und sie nur so nebenbei mitversieht, d. h. ihre Begattungsbedürfnisse befriedigt. Wenn es möglich ist, soll der Züchter den Liebesneigungen der Weibchen auch in der Einzel= hecke Rechnung tragen; dies kann auf folgende Weise geschehen: Er bringt die Zuchthähne in den Heckraum und beobachtet die Weibchen. Jene, welche beim Singen oder Locken eines Hahnes mit Rufen erwidern oder sich zum „Treten" setzen, bringe er zusammen.

Wann soll der Hahn zum Treten beigesellt werden? Wenn das Weibchen mit dem Nestbauen beginnt, zu spät darf die Beigabe nicht erfolgen, da sonst unbefruchtete Gelege entstehen können. Täglich muß dann der Hahn zum Weibchen. Ich habe die Beobachtung gemacht, daß gerade jene Weibchen, die tagsüber ihr Nest bauen und am Abend den Hahn erhalten, sich zum „Treten" gereizter zeigen als solche, die durch die stete Anwesenheit des Hahnes sich mehr oder weniger gleichgiltig ver= halten. Das Verlangen nach Begattung wird bei ersteren durch die Abwesenheit des Hahnes stärker und darum erfolgt die Be= gattung meist schon sogleich nach dem Einwurf des Hahnes. Ein kräftiger männlicher Samenguß kann das ganze Gelege befruchten. Will man das Weibchen noch etwas reizen, so blase man in eine Rollerpfeife; das Weibchen setzt sich sofort zum „Treten". Natürlich darf man sich nicht dabei direkt vor die Hecke stellen. Auf diese Weise kann man in einem Abend 2—3 Weibchen von einem Hahne befruchten lassen. Der tags= über ausgeruhte Hahn zeigt sich dabei vollkommen leistungs= fähig. Mindestens fünf Tage vor dem Legen des ersten Eies soll der Hahn beigegeben werden. Bis das Nest fertig gebaut ist, verstreichen im normalen Verlaufe 2—3 Tage. Ausnahmen gibt es auch hier. Der erste Blick des Züchters beim Betreten des Heckraumes muß in der Legezeit auf den Hinterleib des Weibchens gerichtet sein. Die allmähliche Anschwellung desselben sagt ihm, wann das erste Ei zu erwarten ist.

Als Nestbaustoffe verwendet man in der Regel Leinencharpie, das jedoch nicht länger als 2—3 cm sein soll. Längere Fäden verwickeln sich in die Zehen des Weibchens beim Nestbau, schnüren sich zwischen die Schuppen der Beine und nicht selten ist es schon vorgekommen, daß Weibchen und Jungen am Draht oder Nest hängen geblieben und sich totgezappelt haben. Will man zur Erneuerung des Nestes als Unterbau Moos oder dürres, kurzgeschnittenes Weichgras nehmen, so erfüllt das den gleichen Zweck.

Die Kanarienweibchen legen in der Regel vier Eier in vier aufeinanderfolgenden Tagen; doch kommt es vor, daß das erste Gelege infolge nicht vollständiger Entwickelung des Eierstockes nur aus drei oder gar zwei Eiern besteht, während das zweite Gelege meistens mit fünf Eiern eingesetzt wird. Die Brutzeit für ein Gelege bzw. jedes Eies dauert 13 Tage. Innerhalb dieser kurzen Zeit entwickelt sich in dem Ei ein vollständiges Lebewesen. Um ein möglichst gleichzeitiges Ausschlüpfen der Jungen herbeizuführen, nimmt man täglich das frischgelegte Ei weg und bewahrt es in einem nicht zu warmen Raume auf. Ist das vierte Ei gelegt, so lege man die drei ersten dazu. Länger als sieben Tage soll man die Eier nicht aufheben, da sie sonst kaum noch lebensfähig sind. Läßt man die Eier liegen, so schlüpfen die Jungen in Abständen von zwei, drei, vier Tagen aus; die ältesten sind natürlich schon stärker geworden und erdrücken die Kleinen oder nehmen ihnen die besten Bissen vornweg, so daß sie schon von Anfang an in der Entwickelung zurückbleiben und mit 10—12 Tagen eingehen können.

Bevor die Eier untergelegt werden, sind sie von etwa anhaftendem Kote zu reinigen, damit durch die Poren der Eierschale der notwendige Luftaustausch (Zufuhr von Sauerstoff — Ausdünstung der Kohlensäure) nicht gehemmt wird. Ueberhaupt ist es gut, auch während des Brütens die Eier nachzusehen und sie evtl. zu reinigen. Die Reinigung geschieht am besten und schnellsten, wenn der Züchter von seinem Mundspeichel nimmt und ihn mit dem Finger über die unreine Stelle hinwischt. Besonderes Augenmerk wende man den Füßen der Weibchen zu.

damit sich da kein Kot anhängt, weil sonst die Eierschalen beschmutzt, eingedrückt oder zertreten werden. Ein Ei mit einge-
drückter Stelle an der Schale liefert kein Junges. Badegelegenheit darf man dem brütenden Weibchen alle zwei Tage geben;
die vorübergehende Nässe am Federkleide schadet den Jungen
keineswegs. Während der Brutzeit vermeide man jede Störung,
betrete auch am Abend nicht mit einem Lichte die Heckstube.
Wer im Wohnzimmer züchtet, wo des Abends Licht ist, ver-
gewissere sich vor dem Auslöschen der Lampe, ob das brütende
Weibchen auch auf dem Neste sitzt; denn angebrütete Eier er-
sterben, wenn sie längere Zeit unbedeckt sind und erkalten.

Den ausgeschlüpften Jungen gibt man sofort ein frisches,
tiefes, ausgerundetes Nest, damit die während der Brutzeit her-
beigewanderten Milben mitsamt der Milbenbrut vernichtet werden.
Liegen die Jungen bleich und welk im Neste, so sind sicherlich
Milben da. Gesunde Jungen sind mit einem leichten Flaum
bedeckt und heben bei der leisesten Erschütterung ihre Köpfchen
mit dem weiten, fleischroten Schlunde zum Futterempfang empor.
Zuweilen scheint durch die Bauchhaut ein schwarzer Punkt und
am Hinterleib eine mit grünlichem Inhalt gefüllte Blase. Solche
Tiere sind krank und gehen auch in der Regel bald ein.

Die Art und Weise der Aufzucht der Jungen ist für diese
wohl die Grundlage für ihr ganzes künftiges Dasein. Ist die
Ernährung gering und schwach, so verkümmern diese und jene
Organe und es treten allerlei Gebrechen und Schwächen auf.
Das weiß jeder Züchter und deshalb ist für ihn die Sorge um
die zweckmäßige Ernährung, Hauptaufgabe, während das Weibchen die Fütterung und Aufzucht — also die Mutterpflichten —
übernimmt.

Die Nahrung besteht aus Körner=, Weichfutter und Wasser.
Als Körnerfutter empfiehlt sich für die Aufzucht folgende
Mischung: 2 Pfd. Rübsen, 1 Pfd. Glanz, 1 Pfd. geschälter
Hafer; Hanf gebe man am Nachmittag etwas zerdrückt (ge-
quetscht); blauen Mohnsamen mische man entweder alle zwei
bis drei Tage etwas unter das Biskuit und Eifutter oder man
stelle ihn separat in einem Napfe vor. Negersaat, Leinsamen
und Hirse brauchen wir nicht. Auch Salatsamen ist nicht unbedingt notwendig. Vor allem muß das Futter frei sein von
muffigem Geruch und in gesunden, vollen Körnern, nicht allzu
hart, vorgesetzt werden. Körnerfutter gebe man täglich einmal
eine frische Auflage. Als Weichfutter haben wir Eier und Bis-

kuit. Davon gebe man des Morgens (gegen 7 Uhr), des Mittags nach 12, des Nachmittags um 4 Uhr.

Wie kann ein gutes Eifutter hergestellt werden? Wir sieden ein gutes, am besten frisches Hühnerei hart, reiben es fein und mengen darunter gutes, getrocknetes Weckmehl oder Zwieback. Bei der Mischung ist darauf zu achten, daß Ei und Zusatz innig vermischt werden, so daß eine feuchtflockige, leichte Masse entsteht. Das Eifutter darf weder zu feucht noch zu trocken sein, doch hüte man sich vor Wasserzusatz; der Feuchtigkeitsgehalt des Eies genügt vollständig. Will man den Appetit der Weibchen noch reizen, so reibe man ab und zu eine frische Karotte darunter.

Die Biskuitfütterung ist für den Züchter am bequemsten; sie erfüllt den gleichen Zweck wie Eifutter, wenn das Biskuit frei von Hefe ist und den richtigen Eigehalt hat. Biskuit trocknet oder röstet man und mahlt es auf einer Reibmaschine. Beim Gebrauch nimmt man das nötige Quantum in eine Kaffeetasse, verrührt es mit etwas Wasser, zu einer flockigen, jedoch nicht zu nassen Masse und verabreicht es. Taucht man Biskuit in Wasser und drückt dieses später aus, so bleibt das Biskuit immer noch zu naß. Auch etwas Grünfutter, wie Salat- und Spinatblätter kann man ab und zu geben, jedoch nicht zu viel, auch nicht feucht und kalt, da sonst leicht Durchfall eintreten kann. Süße Apfelstückchen und Feigen werden gern genommen und sind auch sehr bekömmlich.

Man braucht nicht allzuängstlich zu sein, wenn die Vögel einmal leere Eifutternäpfe haben. Gute Weibchen nehmen dann Körnerfutter auf; sie müssen daran zwar etwas länger beißen, sondern aber dafür mehr Speichel ab, der das Futter nähr- oder schmackhafter macht.

Die sonstigen Bedürfnisse der Vögel während der Heckzeit sind hauptsächlich warme Stube, gutes Trinkwasser und Badegelegenheit. Wie in der Natur im Frühling bei Witterungsumschlägen die zarten Knospen und Blüten der Kälte zum Opfer fallen, so geht auch manch nacktes Kanarienvögelchen in der Heckstube mangels genügender Erwärmung zu Grunde. Das bringt allerdings zum Teil auch die Züchtung in der Einzelwechselhecke mit sich; das Weibchen besorgt die Aufzucht der Jungen allein. Sind nun in dem Heckzimmer mehrere Hähne, so fliegt das Weibchen namentlich morgens in der Frühe beim Singen derselben vom Neste, schlägt mit den Flügeln und hüpft lockend — leider allzulang — im Käfig umher. Ist nun in der Heckstube nicht mindestens eine Wärme von 14⁰ R., so erkalten die unbedeckten, federlosen Jungen, sie werden steif und starr und wenn das Weibchen zum Füttern kommt, sind sie zum Heben des Köpfchens nicht mehr fähig. Besonders trifft das in der Zeit vom 8.—12. Lebenstage zu, wo die Weibchen schon etwas länger vom Neste fern bleiben. Wiederholt sich das öfters, so sind die Jungen verloren. Erstarrte, noch lebende Jungen gibt man dann am besten einem anderen brütenden Weibchen auf ½ Stunde unter und sorgt für gute Erwärmung der Heckstube. Die Feuerung mit Briketts ziehe ich jeder anderen Kohlen= oder Holzheizung vor, sie ist nicht zu teuer, aber einfach und erwärmt vorzüglich.

Das Bad erfrischt den Vogel und regt zu eifrigerer Tätigkeit an; es reinigt ihn auch von anhaftenden Kotteilen an Füßen und Gefieder. Alle 2 Tage ein Bad genügt.

Soll das Weibchen seine Schuldigkeit vollauf tun, so darf der Züchter es nicht fortgesetzt a u f f ä l l i g beobachten, verscheuchen oder sonstwie stören. Das Weibchen will Ruhe. Es kann dies nicht oft genug den Züchtern gesagt werden, die da beim Ab= fliegen des Weibchens vom Neste schnell hinspringen und nach den Jungen sehen. Die Liebe des Weibchens zu den Jungen ist allzugroß; durch das fortgesetzte Herumhantieren am Neste, vergißt es in der ängstlichen Besorgnis um die Jungen seine Mutterpflichten. In diesem Falle verhänge man mit dünnem weißem Papier außen das Nest, damit das Weibchen niemand sieht, wenn es auf dem Nestrand sitzt und die Jungen füttern will.

Stark besetzte Nester stellen große Anforderungen an die Weibchen. Normal besetzt ist ein Nest mit vier Jungen. Diese kann eine gute Mutter aufziehen. Bei fünf und sechs Jungen muß der Züchter schon etwas mitfüttern, besonders morgens und abends.

Das Mitfüttern durch den Züchter kann auf folgende von mir erprobte Weise geschehen. Er kaue das Weichfutter zu einem Brei, nehme mit einem Kaffeelöffelchen eine Portion und gebe es den sperrenden Jungen. Das Kaffeelöffelchen habe ich unter allen Hilfsmitteln als das beste gefunden, man kann damit eine größere Portion nehmen, es fällt auch nichts herab, weil der Rand aufwärts gebogen ist und endlich ist der Züchter in Handhabung des Kaffeelöffels geschickter.

## Geschlossene Fußringe.

Mit dem sechsten und siebenten Lebenstage legt man den wohlgenährten Jungen die geschlossenen Fußringe an, bei Schwächlingen ein bis zwei Tage später. Man nimmt das Tierchen vorsichtig aus dem Neste, legt es aufrecht — nicht auf den Rücken — in die linke Hand, packt das rechte Beinchen, zieht es etwas heraus. Zeigefinger und Daumen der linken Hand halten es fest, während die rechte Hand sich bemüht, die Zehen zum Strecken zu bringen. In dem Augenblicke, wo der Vogel die Zehen streckt, daß die drei Vorderzehen neben= einander liegen (siehe Figur 1), bringt man sie in den Ring. Hierauf wird der Ring — vielleicht mit Speichel etwas ange= feuchtet — unter Drehungen über das Gelenk (Figur 2) geschoben. Die Hinter= zehe kommt dabei zum Beinchen zu liegen (Figur 3); zum Schlusse zieht man behut= sam noch die Kralle aus dem Ring und der Ring sitzt.

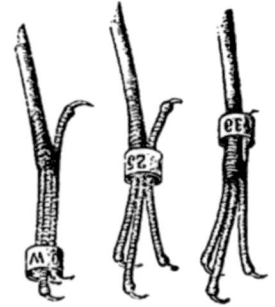

Figur 1    Figur 2    Figur 3

Nun sind täglich öfters die Nester zu untersuchen, ob nicht das Weibchen, das in den ersten Lebenstagen der Jungen das Nest vom Kot reinigt, an den Ringen zupft und sie schließlich wieder auszieht. Am leichtesten zieht man die Ringe gegen Abend an, wenn die Jungen die Kröpfe gefüllt haben und infolge ihrer Trägheit nicht mehr so sehr zappeln.

Die geschlossenen Weltbundesfußringe tragen folgende gesetz= lich geschützte Zeichnung:

1. Ringzeichen mit Jahreszahl: Figur 4 (die fünf Kreise be= deuten die fünf Erdteile; die Zahl im Kreise ist die Jahres= zahl, hier 1913);
2. Züchternummer, z. B.: Figur 5 = Nr. 2004;
3. Vogelnummer: Figur 6 = fortlaufende Nr. 1, 2, 3, 4 usw.

Figur 4        Figur 5        Figur 6

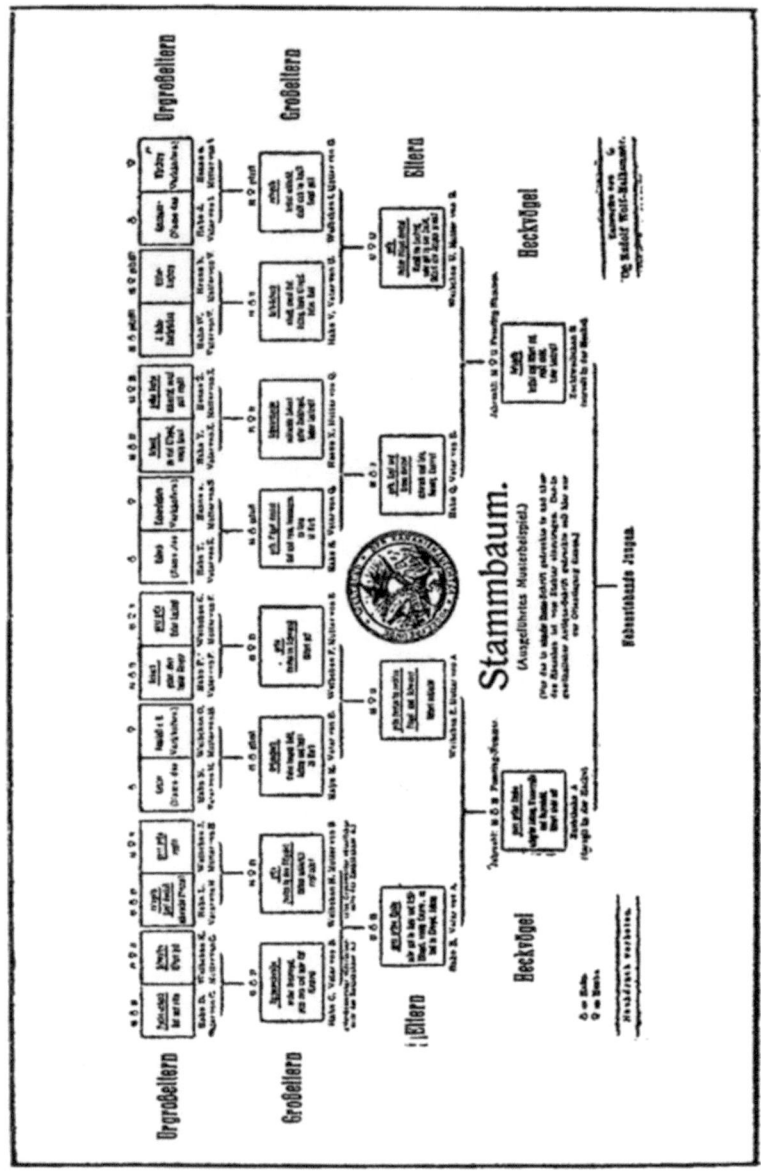

Stammbaum.
(Ausgefülltes Musterbeispiel)

♂ = Hahn
♀ = Weibchen

Ausgeführtes Musterbeispiel.

| ♂ ♂ ♂ | | ♀ ♀ ♀ |
|---|---|---|
| *aus ... Bruteplatz* | × | *Hispalis Edelve* |
| *bisher sehr schön in der Zucht, färbt sich nach seinen Jahren* | | *sehr gut in der Zucht* |

1. Gelege: ( ) Eier); untergelegt am: ... ; geschlüpft am: ... ; Junge :

| Jahr — Nummer | Farbe | Ge-schlecht | Bemerkungen |
|---|---|---|---|
| ♂ — 1 | grün Kopf ... in Flügel und Schwanz | ♂ | ... |
| ♂ — 2 | ... | ♂ | ... |
| ♂ — 3 | grün Kopf Flügel gelb | ♀ | ... |
| ♂ — 4 | ... | ♂ | ... |
| — | ( Eier) | | |

2. Gelege: ( Eier); untergelegt am: ... ; geschlüpft am: ... , Junge :

| | | | |
|---|---|---|---|
| ♂ — ♂ | ... | ♀ | ... |
| ♂ — ♂ | grün Kopf Flügel gelb | ♂ | ... |
| ♂ — ♂ | ... | ♂ | ... |
| ♂ — ♂ | ... | ♀ | ... |
| — | | | |

3. Gelege: ( Eier); untergelegt am: ... ; geschlüpft am: ... ; Junge : .

| | | | |
|---|---|---|---|
| ♂ — ♂ | ... | ♀ | ... |
| ♂ — ♂ | grün ... | ♂ | ... |
| ♂ — ♂ | grün ... | ♀ | ... |
| ♂ — ♂ | ... | ♂ | ... |
| ♂ — ♂ | grün ... Flügel und Schwanz ... | ♂ | ... |

4. Gelege: ( Eier); untergelegt am: ... ; geschlüpft am: ... ; Junge :

| | | | |
|---|---|---|---|
| ♂ — ♂ | ... | ♂ | ... |
| ♂ — ♂ | ... | ♂ | ... |
| ♂ — ♀ | grün ... | ♀ | ... |
| — | | | |
| — | ... | | |

Beim Ringanziehen ist die laufende Nr. des Vogels sofort zu notieren. Ohne genaue Notizen läßt sich keine richtige Stammeszucht betreiben und ohne Stammeszucht erzielt man keine dauernden Erfolge im Edelgesang. Mit den geschlossenen Fußringen ist die Möglichkeit gegeben, die Verwandtschaftsgrade sicher festzuhalten und sie bei der Paarung zu beachten. Es ist deshalb empfehlenswert, alle wichtigen Notizen während des Zuchtjahres zu sammeln in einem sogenannten „Zuchtstammbuch". Der Weltbund der Kanarienzüchter und Vogelfreunde hat bereits ein solches seit Jahren herausgegeben, das höchst einfach und übersichtlich ist und die Abstammung des Heckpaares bis zur Urgroßvater-Linie übersehen läßt. Jedes Zuchtstammbuch enthält ein ausführliches Beispiel, wie die Notizen etwa eingetragen werden können. Siehe Seite 33.

Wir notieren also

1. vom Hahn: Ringnummer, Geburtsjahr, Abstammung, Prämiierungsresultat, Stammestour, hervortretende Fehler, Farbe;

2. vom Weibchen; Ringnummer, Geburtsjahr, Abstammung, Farbe, wie es brütet, Fütterung bei der Aufzucht der Jungen, wie lange es die Jungen deckt, wie stark die Gelege sind, ob gut befruchtet, wie viele Gelege es gemacht, ob es die Jungen rupft usw.

Um diese Aufzeichnungen zu erleichtern, empfiehlt es sich an jede Heckabteilung folgendes Schildchen zu kleben.

| Weibchen Nr. 36 | Untergelegt | | Ausgeschlüpft | | Gingen ein | Blieben | Ring-Nr. und Geschlecht | Bemerkungen |
|---|---|---|---|---|---|---|---|---|
| | Zahl | Datum | Zahl | Datum | | | | |
| ♂ 24 | 4 | 5. IV. | 3 | 18. IV. | 1 (im Ei) | 3 | 1=♂  3=♀  2=♀ | z. B. 1 Ei aus Nr. 14 dabei |
| ♂ 24 | 5 | 14. V. | 4 | 27. V. | 1 (hell) | 4 | 10=♂, 11=♀  12=♂, 13=♀ | |
| ♂ 11 | 4 | 30. VI. | 4 | 13. VII. | — | 4 | 19=♂, 20=♂  21=♀, 22=♀ | |

Beim Unterlegen der Eier macht man sich kurz diese Notizen. Steht man vor der Abteilung, so weiß man jederzeit, wie es mit der Zucht darin steht. Hat man übrige Zeit, so trägt man die Notizen ins Stammbuch (erhältlich im Verlage dieses Buches) ein.

Die Bedeutung der geschlossenen Fußringe ist eine mannig= fache. Zunächst sollen sie zur Kennzeichnung der vom Züchter selbstgezüchteten Vögel dienen, um bei Ausstellungen einen Aus= weis bezw. Nachweis über eigenen Fleiß und Zuchterfolg dar= zustellen. Deshalb müssen die Ringe mit gesetzlich geschützten Zeichnungen versehen werden, die jede unerlaubte Nachahmung mit Strafe belegt. Einen solchen Schutz genießen zurzeit die Weltbundesfußringe. Ferner muß eine solche Ringzeichnung weiteren Kreisen bekannt gemacht werden, deshalb ist die Heraus= gabe eines Ringverzeichnisses unerläßliche Bedingung*), denn die Ringliste ist:

## A. Für den einzelnen Züchter:

1. eine sichere Kontrolle über die seiner Selbst= zucht angelegten Ringe (die nun verengten Ringe können ausgeflogenen und alten Vögeln nicht mehr an= gezogen werden. Lassen wir uns darum von den Gegnern der geschlossenen Ringe nichts vorflunkern);

2. ein urkundliches Nachschlageheft in seiner Stammzucht (späterhin wird man jederzeit seine Ring= zeichnung durch die verflossenen Jahre nachsehen und, wenn nötig, nachweisen können);

3. eine geordnete Verbuchung über das Alter eigener und gekaufter Tiere;

4. eine öffentliche Bescheinigung für die Zu= gehörigkeit zum Weltbunde;

5. ein Mittel, die Erfolge seiner Zucht vor Denunziation zu schützen;

6. eine untrügliche Urkunde für die Vögel, die auf einer Ausstellung prämiiert wurden, und ein Nachweis für den

---

*) Der Weltbund gibt für und an seine Mitglieder eine solche Liste gratis heraus.

Käufer, daß sie auch wirklich diejenigen sind, welche den Preis davongetragen haben.

7. ein Erziehungsmittel für willensschwache, zu Unredlichkeiten gerne geneigte Züchter.

## B. Für den Verband:

eine genaue und bequeme, geordnete Kontrolle bei Ausstellungen über die Selbstzucht.

## C. Für die Allgemeinheit:

1. ein verbürgendes Mittel zum Beweise und Nachweise der Stammesechtheit eigener Zuchttiere;

2. ein starker Bundesgenosse im Kampfe gegen die Schwindelkonkurrenz (wer eine solche Liste im Besitze hat, kann bei gekauften Tieren stets nachkontrollieren, ob er stammesechte bekommen hat oder nicht);

3. ein angenehmes Züchter-Adreßbuch, das beim Verschicken der Ausstellungs-Anmeldebogen, beim Bezuge von Vögeln oder beim Briefwechsel mit Züchterkollegen willkommene Dienste leisten kann.

Die Anlegung geschlossener Fußringe hat sich als ein Bedürfnis für Kennzeichnung und Schutz der Selbstzucht erwiesen, sie hat sich trotz aller Bedenken der Ringgegner Bahn gebrochen und wird heutzutage in fast allen Vereinen von vielen Tausenden von Züchtern mit Geschick gehandhabt.

## Milbenbekämpfung.

Mit dem Größerwerden der Jungen stellt sich auch der Vogelfeind, die Milbe, ein. Sie ist ein Insekt aus der Ordnung der Spinnen mit 8 Beinen und ernährt sich vom Blute lebender Vögel, die sie meist zur Nachtzeit überfällt. Die Ritzen und Höhlungen am Käfig, die Fugen der Nisthöhlen, die Enden der Sitzstangen, die Löcher der Draht- und Holzstäbchen, nicht selten Wandtapeten, kurz alle verborgenen Schlupfwinkelchen dienen ihr als Aufenthalt. Die von ihr belästigten alten Vögel sitzen Tag und Nacht, sich bald im Gefieder herumbeißend, halb mit den Krallen an Kopf und Hals scharrend, unruhig im Käfig. Die zarten Jungen im Neste werden geradezu gequält, ist es für den Blutsauger doch sehr bequem, an den nackten, hilflosen Nesthockern reichliche Beute zu machen.

Diesem Feinde muß darum der Züchter tüchtig zu Leibe rücken, denn es wird alltäglich eine verhältnismäßig große Blutmenge entzogen, die der Vogel zur kräftigen Entwickelung nötig hat. Die Folge ist zunächst eine allgemeine Erschlaffung, also eine Entkräftung des Gesamtkörpers. — Naturgemäß verlangt der Körper einen Ersatz für den großen Blutverlust und so fühlt der Vogel das Bedürfnis nach vermehrter Futteraufnahme. Die Verdauungsorgane arbeiten nun übermäßig und können leicht erkranken. Kranke Organe aber sind nicht mehr vollwertig leistungsfähig. — Es schleichen sich, wenn der Verdauungsapparat teilweise versagt und der Vogel gleichzeitig von den Milben ausgesogen wird, Freßkrankheit, Unterernährung und Schwindsucht ein. Von Milben befallene Nestjungen haben ein blutleeres, blasses, fast weißes Aussehen und sind kaum imstande, der fütternden Mutter die Schnäbelchen entgegen zu strecken. Wenn die überhandnehmenden Feinde nicht vernichtet werden, gehen die Jungen früher oder später ein.

Die Schlupfwinkel der Milben dienen meist auch zur Absetzung der Brut. Oft wird auch das Nest als Brutstätte ausgewählt. Man erkennt die Milbenbrut an den kleinen, grauen staubartigen Ablagerungen, die so ähnlich aussehen wie Zigarrenasche. Es sind die Milbeneier, aus denen winzig kleine Milben schlüpfen. Durch bloßes Abbürsten geht die Milbenbrut nicht zugrunde. Das Eintauchen der Nistkästen in kochendes Wasser, das Überfirnissen der Milbenbrut sind sichertötende, einfache Mittel.

Gegen lebende Milben haben sich folgende Mittel praktisch bewährt.

1. Ausschwefeln der Heckstube und Übertünchen der Wände vor Eröffnung der Hecke;
2. Brühen der Käfige und sonstigen Heckgegenstände in kochendem Wasser;
3. Aushöhlen der Sitzstangen an den beiden Enden auf eine Tiefe von etwa 2—3 cm. Man bietet dadurch künstliche Schlupfwinkel und kann täglich oder wöchentlich die Milben mitsamt der Brut in kochendem Wasser töten;

4. Auspinseln der Heckkäfige mit Schlemmkreide (Kalkmilch);

5. Auspulvern der Nester und Winkel mit Insektenpulver; das Pulver verstopft die Atmungswerkzeuge, das sind kleine Öffnungen am Leibe, wodurch die Milbe den Erstickungstod erleidet;

6. Überpinseln der Milbennester mit einer Lösung von Insektenpulver und Spiritus;

7. Die verschiedenartigsten patentierten Milbenfänger, wie sie in den Kanarienzeitungen empfohlen werden;

8. Stete Bekämpfung durch große Reinlichkeit.

Ein Aushungern hat keinen Zweck, da die Milben monatelang ohne Nahrung aushalten können. Auch Kälte und Nässe töten sie nicht.

Außer dieser Milbe gibt es noch die sogenannte Hautmilbe. Sie steckt in der Haut des Vogels in kleinen gelblichen Hautzellen, in denen sie auch ihre Brut ansetzt. Schädlich ist sie dadurch, daß sie die Federspulen bezw. Federwurzeln in der Haut zerstört, wodurch der Vogel entkräftet und gequält wird.

Das Vorhandensein solcher verborgener Schädlinge zeigt sich durch kahle Stellen mit rotentzündeten Geschwulsten auf dem Kopfe, im Nacken und an den Flügeln. Wir bekämpfen die Hautmilben durch Einreiben der kahlen, schwulstigen Stellen mit geruchlosem Öl oder Perubalsam. Die erkrankten Vögel sind von den übrigen zu entfernen.

### Die ausgeflogenen Jungen.

Mit 18 Lebenstagen sind die Jungen bei normalem Wachstum flügge und verlassen zeitweise das Nest. Von der Mutter ängstlich behütet, machen sie auch bald die ersten Versuche zur Futteraufnahme. In etwa 14 Tagen sind sie selbstständig und verlangen nur selten Futter von der Mutter. Je länger die Jungen bei der Alten bleiben, desto besser ist es. Vor 32—36 Tagen, bis der Schwanz gut gegabelt ist, sollte man sie nicht von ihr wegnehmen. Um sie an den Rübsen zu gewöhnen, wasche man denselben ½ Minute durch ein Haarsieb und lasse in diesem die Körner an der Luft trocknen. Dann menge man davon unter Eifutter bezw. Biskuit. Das Waschen entfernt etwa anhaftenden Staub vom Rübsen und weicht die Schale, die von den Jungen leicht gelöst werden kann. Zu langes Einweichen des Rübfens ruft im Rübfenkorn ein Keimen hervor, womit zugleich ein Zersetzungsprozeß beginnt, der für eine ungestörte Verdauung nicht besonders fördernd, wenn nicht schädlich, wirkt.

Gute Erfolge hat man mit Rübfenmehl als Zusatz unter das Eifutter gemacht. Der trockene, nicht gewaschene Rübfen wird durch eine enggestellte Hanfmühle gedreht, sodann durch ein feines Sieb geseiht. Die durchfallenden kleineren Teilchen gibt man dem Weichfutter bei, während die größeren Reste auf den Käfigboden (nicht unter die Sitzstangen) gestreut und von den Jungen aufgepickt werden können.

Empfehlenswert ist es, die selbständig gewordenen Jungen zuerst in einen Käfig allein zu setzen, damit sie sich gut und kräftig entwickeln. Sofort in den größeren Flugraum zu anderen gesetzt, finden sie nicht immer gleich das Futter, werden von den älteren weggebissen und leiden so in den ersten Tagen Hunger, der dem noch nicht vollständig ausgewachsenen Tierchen schlimme Folgen bringen kann (Unterernährung).

Die Trennung nach Geschlechtern läßt sich leicht vornehmen. Die Hähne erkennt man an dem tiefgelben Gefieder um den Schnabel, auf dem Kopfe und an der Kehle. Die Weibchen sind an dieser Stelle blaßgelb bis weiß; bei grün befiederten Hähnen schimmert an genannten Stellen ein olivengrün-gelb durch, während die Weibchen weißgraue Farbentöne besitzen. Nicht immer jedoch ist die Farbe des Gefieders für das Geschlecht ein sicheres Kennzeichen, weil bei manchen Jungen die intensive charakteristische Grundfarbe erst nach der kleinen Mauser zum Vorscheine kommt. Das sicherste Erkennungsmerkmal des männlichen Geschlechts ist der Gesang.

Kaum haben die Jungen das Nest verlassen, so rüstet das Weibchen zum zweiten Gelege. In dieser Zeit muß der Züchter „auf der Hut sein", denn zuweilen kommt es vor, daß die Mutter zum Nestbau die zarten Federchen ihrer Jungen benützt. Gerupfte Junge gewähren einen bedauernswerten Anblick und sind in der Entwickelung stark gefährdet. Der so entkleidete Leib friert, so daß bei ungenügender Erwärmung des Heckraumes das Tierchen zugrunde gehen kann; im zarten jungen Körper wird ein widernatürlicher Stoffwechsel veranlaßt, der den von Mutter Natur zum Ausbau und zur Kräftigung anderer Körperteile bestimmten Nahrungsstoff den entfederten

Stellen zuführt. Die Nahrungsaufnahme ist infolgedessen eine sehr starke, die Verdauungsorgane werden überladen und sind nicht imstande alles zu verarbeiten. Die große Freßgier des Vogels einerseits, die schwache ungenügende Verarbeitung des Mageninhaltes andererseits, führen zur Unterernährung, Abmagerung und endlich zum Tode. Der Züchter kennt hier verschiedene Mittel: Er setzt die Jungen in ein kleines Bauer und hängt dieses außen oder bei einem großen Käfig innen an den Heckkäfig. Die Mutter füttert durch die Drahtstäbe hindurch. Man bestreicht auch die Federn der Jungen mit Aloëtinktur, die ob ihres bitteren Geschmackes dem Weibchen das Rupfen verleidet.

Sehr bewährt hat sich das Einhängen von großen Gänsefedern oder von Stoffstreifen. Statt an den Jungen zu rupfen, müht sich das Weibchen an diesen Dingen ab.

Das beste Mittel aber ist die Verteilung der Jungen vor dem Ausfliegen in andere Nester und töten des Rupfweibchens, damit man nicht diese Untugend durch Vererbung in seinen Stamm bekommt. Ein Weibchen rupft am andern, dieses rupft am dritten usw., schließlich rupft die ganze Gesellschaft.

Schreitet das Weibchen zum zweiten und dritten Nestbau, so muß der Hahn — bei der Einzelwechselhecke — des Abends oder über Nacht beigesetzt werden. Verträgt er sich mit den Jungen, so kann man ihn auch tagsüber dabei lassen. „Treibt" er aber auf die Jungen, so muß man diese über Nacht wegsetzen oder auch während des Tages 1—2mal auf ½ Stunde herausfangen. Suchen Junge, wenn das Weibchen auf Eiern sitzt, das Nest der Mutter auf, so besteht Gefahr, daß sie die Eier beschädigen. Alsdann lege man die Eier anderen Weibchen unter. Um sie nicht zu verwechseln, numeriere man sie mit einem weichen Bleistift (Nr. 2) an dem spitzen Ende. Später legt man die Eier in das rechte Nest zurück.

Bis Mitte August dürfte im allgemeinen die Hecke beendet sein, wenn auch ab und zu noch einige Nachzügler in den Nestern anzutreffen sind. Nun beginnt ein neuer Abschnitt im Leben der jungen und alten Vögel.

————

# D. Nach der Hecke.

## 1. Die Mauser.

Sowie die Pelztiere alljährlich ein neues Haarkleid erhalten, so erneuert auch Mutter Natur das abgetragene Federkleid des Kanarienvogels. Man nennt diesen Vorgang einen Verjüngungsprozeß oder die Mauser.

Die erste Mauser tritt schon bei jungen 2½ Monate alten Kanarien ein. Sie ist aber hier nur eine teilweise, weil die Jungen nur die kleinen Außenfedern (Deckfedern) fallen lassen, die großen Schwanz- und Schwungfedern jedoch nicht abstoßen. Die jungen Hähne, welche im f o l g e n d e n Jahre nicht in der Hecke (etwa nur als Vorsänger) verwendet werden, mausern in der Regel in diesem Jahre nicht. Nach Ablauf von zwei Jahren tritt jedoch in normalem Falle alljährlich ein Federwechsel ein. Die regelmäßige Neubildung des Federkleides ist keine Krankheit, sondern ein natürlicher Vorgang. Sie beginnt mit dem Abstoßen der Schwanz- und Schwungfedern und endigt mit der Erneuerung der kleinen Federn am Kopfe.

Der normale Verlauf der Mauser dauert 8—9 Wochen und fällt in die Zeit von Juni bis Oktober. Die warme Jahreszeit begünstigt den Federwechsel und schützt den Vogel vor Erkältungen. Während mehrjährige Hähne schon im Juni mausern, treten die Heckweibchen meist nach der Aufzucht der letzten Brut in den Federwechsel ein. Unnormal ist das Auftreten der Mauser im Frühjahr oder Winter. Als Ursache dieser Erscheinung kommt in Betracht: unzweckmäßige Behandlung und Fütterung und die dadurch bedingten Krankheiten der Verdauungsorgane, ferner Erkältungen, „übergangene" Mauser im Vorjahre und Hautkrankheiten.

Bei gesunden Tieren vollzieht sich der Verjüngungsprozeß rasch, bei kranken jedoch langsam und nur teilweise. Um die Mauser zu beschleunigen, griff man früher zu dem Mittel, einige Schwung- und Schwanzfedern auszureißen. Doch erweist sich dieses Mittel als unsicher und auch unzweckmäßig. Bewährt haben sich in solchen Fällen auch das Versetzen des Vogels in einen anderen Käfig, in eine andere Temperatur und Futterwechsel. Durch dieses Versetzen ergibt sich eine andere Lebensweise, die den Federausfall begünstigt. Die in alten Büchern oft vertretene Anschauung, als müsse man den Vogel in eine

erhöhte Temperatur bringen um die Mauser herbeizuführen, ist
nicht immer von Erfolg, denn die Erfahrung lehrt, daß das
Verbringen des Vogels in einen kühleren nicht nassen Raum
(12—13⁰ R.) und eine etwas magere Fütterung die Mauser
veranlassen kann. Futterwechsel soll m. E. in solchen Fällen
vorgenommen werden, damit eine andere Säftebildung im
Vogelleibe zustande kommt. Wie der Baum bei übermäßiger
Nahrungsaufnahme, begünstigt durch Wärme und viel Regen,
seine Blätter länger behält, so behält auch der Vogel bei dem
üppigen Heckfutter im warmen Heckraume seine Federn länger.
Durch kühlere Witterungsumschläge tritt beim Baume eine
Stockung der die Blätter erhaltenden Säfte ein und sie fallen
ab. Auch beim Vogel mag der Fütterungswechsel ähnlich
wirken. Man gebe dem Vogel zu Anfang guten Rübsen und
etwas Glanz, jedoch kein Eifutter. In etwa 6—8 Tagen be=
merkt man in der Regel schon einen Federausfall am Schwanze.
Nun gibt man dem Futter einige Körnchen geschälten Hafer
bei und mit zunehmender Mauser auch etwas Biskuit=Eifutter
und Sepia, so daß die Nahrung allmählich wieder kräftiger wird
in dem Maße, wie sich die durch die Federneubildung bedingte
Blutzufuhr zu den Federwurzeln steigert. Die Federn entwickeln
sich aus Hautpapillen, die wie Taschen in der Haut stecken.
Bei der Mauser wachsen die Reste (Wurzeln) der Hautpapillen
neu empor, schieben die alten Federn hinaus und bringen sie
schließlich durch stetes Wachstum zum Ausfall. Da der Vor=
gang sich in der Haut abspielt, bereitet er dem Vogel keine
Schmerzen, sofern die Haut gesund ist und richtig funktionieren
kann. Daraus ergibt sich ferner, daß die Haut einer besonderen
Pflege bedarf, die durch erfrischende Bäder und staubfreie Luft
gegeben werden kann. Besondere Aufmerksamkeit ist auf das
Fernhalten der Milben zu legen. Auch vor Zugluft muß ge=
warnt werden, weil sie bei dem etwas geschwächten Zustande
des Vogels die Ursache zu allerlei Erkrankungen des Kehl=
kopfes (Heiserkeit) und der Verdauungsorgane sein kann.

Die alten Hähne stellen in der Regel den Gesang in der
Mauser ein, während die jungen Hähne über die sogenannte
kleine Mauser singend hinwegkommen.

## 2. Die Junghähne.

Die jungen Hähnchen und Weibchen werden nach erlangter
Selbständigkeit nach Geschlechtern getrennt und zweckmäßig be=

handelt. Empfehlenswert ist es, sie nicht sofort in stark bevöl=
kerte Flugräume, etwa zu älteren ihres Geschlechtes zu setzen,
weil sie in den ersten Tagen sehr schüchtern sind, von den kräf=
tigeren vom Futternapfe weggebissen werden, wodurch zeitweise
Unterernährung entsteht, die im günstigsten Falle die Entwicke=
lung des Tierchens verzögert, im schlimmsten Falle den Anfang
zu einem jämmerlichen Siechtum bildet. Wenn die Jungen
etwa 14 Tage lang gesondert sitzen und kräftig gefüttert werden,
dann kommen sie auch im großen Flugraume besser durch. In
einen Flugkäfig von 1,20 : 60 : 0,40 m sollte man nicht mehr als
zwölf Junghähne setzen.

Die Fütterung muß vorerst dieselbe sein wie im Heckkäfig.
Insbesondere darf man das Weichfutter (Eifutter oder Biskuit)
nicht gleich entziehen, denn es ist in dieser Entwickelungszeit
immer noch Hauptnahrung der Jungen. Um sie an den Rübsen
zu gewöhnen, wasche man täglich das nötige Quantum und
menge davon unter das Weichfutter. Die Jungen sind dann
genötigt, die zarten Körnchen mit dem Weichfutter aufzupicken.
Täglich soll das Weichfutter zweimal frisch zubereitet vorgesetzt
werden, etwa morgens zwischen 7 und 8, mittags zwischen 1
und 2 Uhr. Daneben gebe man in einem besonderen Napfe
ungewaschenen Rübsen mit etwas Glanz und geschältem Hafer
(Mischungsverhältnis 3 Pfd. Rübsen, 1 Pfd. Glanz, $\frac{1}{2}$ Pfd.
Hafer). Diese Mischung kann man auch noch nach der Ein=
bauerung beibehalten. Solange die Vögel nicht eingebauert
sind, behalte man die zweimalige Weichfutterabgabe täglich bei,
doch kann das Quantum etwas verringert werden. Der Boden
ist mit gewaschenem, kalkhaltigem Flußsande (nicht aber Sand
von rotem Sandsteine)*) zu bestreuen; Sepiaschalen dürfen nicht
fehlen. Ein erfrischendes Bad zur Mittagszeit kann täglich ge=
währt werden. Die größte Reinlichkeit im Käfig und an den
Futternäpfen muß obwalten.

Mit der Unterbringung der Junghähne in den Flugkäfig
beginnt auch schon die Gesangsausbildung. Gesunde Hähne
fangen mit fünf Wochen schon das Studieren an. Es ist des=
halb sehr ratsam, um diese Zeit den Vorsänger beizugeben,

---

*) Der rote und weiße Sand drückt sich leicht in die Zehengelenke
und Beinschuppen ein und staubt zu sehr. Außerdem hat er meist einen
muffigen Geruch und kann im Magen Erkrankungen hervorrufen. Zur
Zerkleinerung des Mageninhaltes trägt er wenig bei, weil er zu fein ist.

damit die Jungen einen guten Anfang und eine sichere Führung bekommen. Um ein stilles, ruhiges Üben zu veranlassen und Störungen aus der Umgebung fernzuhalten, kann der Flugkäfig mit einem grünlichen Tuche verhängt werden. Die allerersten Anfänge im Gesange bestehen in einem zwitschernden Tongemisch, aus dem ab und zu auch einige tiefe Laute hervorgestoßen werden. Der Züchter kann aus diesem Wirrwarr noch wenig für die Zukunft voraussehen. Vor allem muß sein Blick auf die Schnabelbewegungen gerichtet sein. Der weitgeöffnete Schnabel bringt Mißtöne und später Fehlertouren hervor. Solche Ausreißer wären schon rechtzeitig aus der Flughecke und außer Hörweite der guten Vögel zu setzen, damit sie diese nicht verderben.

Für die Einbauerung der Junghähne kommen zwei Zeitpunkte in Betracht: entweder vor oder nach der kleinen Mauser. Züchter mit beschränkten Flugräumen werden meist vor der Mauser einbauern. Das hat mancherlei Vorteile. Zunächst befindet sich der Vogel in seinem kleinen Käfig ganz allein; Störungen, Aufregungen und Kämpfe mit Altersgenossen finden nicht statt. Die ununterbrochene Ruhe aber fördert den Federwechsel, so daß der Vogel im Einzelkäfig viel rascher abmausert als in der Flughecke.

Auch gesangliche Vorteile sprechen für die Einbauerung vor der Mauser. Völlig ungestört vermag der Hahn seine ganze Aufmerksamkeit seinem Singstudium zu widmen. Nichts lenkt ihn ab. Der Mangel an anderweitiger Unterhaltung zwingt ihn, sich Kurzweile durch vieles Singen zu verschaffen; er übt fleißiger und länger und wird so viel früher gesangsfertig als sein Altersgenosse in der großen Flughecke, ja er kann diesem, sowie den jüngeren Bruten noch als Vorsänger dienen.

Gegen die Einbauerung vor der Mauser sprechen Bedenken wegen der körperlichen Entwickelung, welche von dem Bedürfnis des Vogels nach ausgedehntester Fluggelegenheit abgeleitet werden. Wenn auch nicht in Abrede gestellt werden kann, daß der Vogelkörper in der Freiheit sich kräftiger entwickelt als im beengten Raume, so muß andererseits doch auch wieder darauf hingewiesen werden, daß des Kanarienvogels Lebensweise und Lebensbedürfnisse durch die lange Hauszüchtung andere geworden sind, daß insbesondere das Flugbedürfnis nicht mehr so groß ist. Der heutige Kanarienvogel kann sich auch in kleinen Käfigen gesund und widerstandsfähig entwickeln, wenn seinen

Bedürfnissen nach Licht, Luft und Nahrung entsprochen wird. Sind diese aber nicht gegeben — und in engen, nassen, ungesunden Wohnungen ist das der Fall — so geht der Vogel und mit ihm seine Nachkommenschaft einer Degeneration, einer Lebensnervenschwächung, einer Entartung entgegen. Das kann unter den erwähnten Voraussetzungen vermieden werden, wenn man die Hähne über die Zeit der kleinen Mauser nicht einbauert.

Die nach der Mauser eingebauerten Junghähne machen in der Einzelhaft rasche Fortschritte und sind bis zur Ausstellungszeit auch gesangsfertig. Sie sind durch das Zanken und Schreien mit ihren Fluggenossen der Gefahr ausgesetzt, kleinere und größere Mißtöne in ihren Gesang aufzunehmen, die sie später nicht leicht wieder verlieren. Es wird in Kennerkreisen auch die Anschauung vertreten, daß die spät eingebauerten Junghähne nach vorausgegangener, ausgedehnter Fluggelegenheit in all ihren Organen, sonderlich den Atmungsorganen, kräftiger und leistungsfähiger werden als ihre früh eingekerkerten Stammesgenossen. Der Gesang habe einen viel volleren Gehalt, eine markige Struktur und edlen Glanz.

Angesichts dieser Anschauung wäre die Frage zu erörtern: müssen wir überhaupt einbauern? Ja, wir müssen einbauern. Die große Zahl der Hähne nötigt uns dazu; ferner der Naturtrieb der Junghähne, die mit zunehmender Gesangsreise sich auch geschlechtlich entwickeln. Sehr oft haben wir Gelegenheit, die jungen Sänger zu beobachten, wie sie sich gegenseitig ansingen und zu Begattungen anschicken. Mit entwickelter Geschlechtsreife beginnen die Hähne ihre Kämpfe, worunter der Wohlklang des Gesanges leidet. Schließlich soll der Edel-Gesangszüchter jeden einzelnen Vogel kennen lernen, er soll der Gesangsausbildung da und dort eine andere Richtung geben und da empfiehlt sich nichts besser als der kleine Einsatzbauer, den man leicht und beliebig handhaben und verstellen kann. Der Züchter des Edelsängers muß seine Junghähne einbauern, will er Entartungen vorbeugen, Ausartungen unterdrücken und Edeltouren ausgeprägter herauszüchten. Die Zeit des Einbauerns muß jeder nach seinen Verhältnissen wählen.

## Die Gesangsausbildung.

In den ersten Tagen der Einbauerung stelle man die Käfige in die Gesangsspinde nebeneinander, damit sich die Tierchen gegenseitig sehen und umso rascher an die Einzelhaft gewöhnen. Nach etwa acht Tagen teile man die Bauer durch dünne Bretter oder Papptafeln ab. Die Art der Aufstellung ist von großer Wichtigkeit. Naturgemäß stellt man jene Sänger, welche gleichartig singen, nebeneinander, damit sie sich im Gesang gegenseitig halten, unterstützen und führen. Am besten ist die Zusammenstellung nach Verwandtschaften, weil dadurch die Vererbungsgesetze, welche schon bei der Auswahl und Paarung der Zuchttiere berücksichtigt wurden, konsequent und erfolgreich Anwendung finden können. Man stellt demgemäß die Brüder zusammen von jedem Elternpaar, daneben die nächsten Verwandten in der Weise, daß die Jungen der ersten Brut in der Mitte, die aus der zweiten Brut darüber und jene der dritten Brut unter der Mitte stehen. Zeigt sich im vorgeschrittenen Studium bei einzelnen Junghähnen eine besonders stark ausgeprägte Tour von hervorragendem Werte, so stellt man solche Vögel nebeneinander. Vögel mit tiefen Hohlrollen, mit markigen Knorren, mit kollerartigen Veranlagungen, mit quellenden Wasserrollen, mit tiefen Schockeln usw. gruppiere man; sie fördern sich gegenseitig, befestigen die Tour und übertragen sie auch auf die anderen.

Ein eifriger Kanarienzüchter wird seine übende Jungsängerschar stets belauschen und überwachen, um geeignete Maßnahmen zu treffen. Besonderes Augenmerk ist auf die Schnabelstellung und Schnabelbewegung zu richten. Übungen mit geschlossenem Schnabel tönen stets gut. Knorre, tiefes Hohl, Koller, kullernde Wasserrollen, Hohlgluckrollen, Hohlwasserglucke, Hohlglucke müssen unbedingt mit geschlossenem Schnabel gebracht werden, wenn sie klanglich wertvoll sein sollen. Sie sind Brusttouren, die in der tiefen Kehle erzeugt werden; dabei wird die Singmuskulatur unter Aufwendung eines starken Luftstromes gewaltig aufgebläht und erweitert. Das völlige Höhlen der elastischen Singmuskulatur und ihrer nächsten Umgebung verleiht den einzelnen Tönen eine schmelzige Resonanz, eine dumpfe, runde, weichtönende Klangfärbung.

Diese Klangfärbung verliert an Wohlklang, sobald der Vogel beim Singen den Schnabel öffnet; sie verliert an Wohlklang, je weiter Ober- und Unterschnabel auseinanderstehen. Tiefe Töne werden flach, sobald der Schnabel sich ein wenig öffnet, weil die Tonwellen zwischen Ober- und Unterkiefer hinausgepreßt werden und so unschöne Nebengeräusche erzeugen, die namentlich bei Touren mit vielen Mitlauten (Knorre,

Koller, Wasserrolle, Glucke) in verstärktem Maße entwertend
wirken. Schon der Tourenvokal bekommt durch die verschiedenartige Stellung des Unterkiefers einen anderen Klang.
Der Tourenvokal „u" klingt bei geschlossenem Schnabel rund
und rein; bei geringer Öffnung lautet er um auf „a" und „o",
bei etwa 1 mm Öffnung auf „ö, e, ä". Bewegt sich beim
Singen der Unterkiefer auf und ab, so vernehmen wir ein
stoßendes, klapperiges, wässeriges, gehacktes, eckiges, schappern=
des Tonschlagen, das uns nötigt, einen solchen Vogel auszu=
merzen. Bei Gluckvögeln oder schlechten Kreuzungsprodukten
ist diese Entartung häufiger als bei Hohl= und Knorrvögeln.
(Prima Gluckvögel sind auch deshalb sehr schwer zu züchten.)

 Mit dem Ausmerzen darf man nicht so scharf vorgehen,
damit man nicht „mit dem Unkraut den Weizen ausrottet."
Wohl möchte jeder Züchter reine, d. h. fehlerfreie Vögel haben,
doch darf er nicht vergessen, daß für einen Feinzüchter zunächst
die Tiefe und dann die Reinheit in Betracht kommt. Erst wenn
die Tiefe im Stamme Wurzel geschlagen und sich gut ein=
gebürgert hat, wird der Züchter seine Aufmerksamkeit der Reinheit zuwenden. In ein und zwei Jahren gelingt das nicht
immer, deshalb ist große Geduld und Ausdauer notwendig.
 Die Knorren sind bei jungen unfertigen Vögeln noch locker
und schwach, später werden sie fester und runder. Auch die Pfeifen
bringen die Junghähne manchmal recht häufig in verschiedenen
Lagen und Qualitäten. Das mag dem unerfahrenen Züchter
nicht sonderlich gut gefallen und er ist leicht geneigt, solche Vögel
wegzusetzen. Da soll man nun nicht so voreilig sein. Sind die
Pfeifen an sich gut, so schadet ihre Häufigkeit nichts, denn die
Vögel üben und probieren, später verliert sich das. Sie stoßen
auch bald hohe, bald mittlere, bald tiefe pfeifenartige Laute hervor,
um später ganze Touren daraus zu entwickeln. Spitzpfeifen und
harte Stoßpfeifen sind für die Lehrlinge gefährlich, doch ist nicht
jede Di=Pfeife als Spitzpfeife anzusehen. Schlimmer ist es mit

den Nasenpfeifen. Die häßlichen, breiten und spitzen Nasenpfeifen müssen unter allen Umständen aus dem jungen Sängerchor heraus, ebenso die langen Nasenrollen.

Die Klingeln werden von den Jungen leicht nachgeahmt, besonders dann, wenn der Vater ein Klingler war. Die junge Kehle bringt sie in verschiedenster Form zum Ausdruck und ihre tonliche Qualität läßt sich anfangs nicht treffend abwerten. Doch soviel ist sicher, daß jene Klingeln, bei denen der Schnabel weit aufgerissen wird, schlecht sind. Ein solcher Künstler wandert frühzeitig in die Dunkelkammer, wo ihm bei „Wasser und Brot" (Rübsen) die Lust an den hohen Partien ausgetrieben werden soll. Aber unser Klingler, er klingelt auch im Verborgenen, wenn auch in ermatteten, mehr weheklagenden Tönen „nach seiner Weise". Diese Tierquälerei hat aber wenig Wert; der Hahn ist für die Edelzucht verloren und muß ausrangiert werden. Alle Klingeln, auch die schönen, werden mit etwas geöffnetem Schnabel gesungen. Je höher die Töne liegen, desto weiter öffnet der Vogel den Schnabel. Das liegt eben in der Natur der Laut= erzeugung und ist bei der menschlichen Stimme ähnlich. Bei der noch brauchbaren Klingel dürfte der Schnabel nicht weiter als 1½ bis 2½ mm geöffnet sein. Was darüber geht, wird sicher schlecht klingen. Nasenklingeln, die dem Summen der Bienen gleichen, breite Schwirren, die an Schrille einer Kutscher= pfeife gleichkommen, bedeuten eine große Gefahr für den Edel= gesang. Umso höher ist es darum einzuwerten, wenn ein Züchter eine zarte, feine Klingel herauszüchtet.

Lange, reißende, harte, breite, spitze, schrille Aufzüge schänden ein edles Lied. Man erkennt sie sehr bald, weil die Vögel den Schnabel dabei weit aufreißen. Kleinere Unebenheiten, die sich bei Übergängen aus einer in die andere Tour ergeben und schwache Aufzüge kann man bei sonst schönen Touren dulden.

Die Fütterung besteht in der Einzelhaft aus Rübsen, Glanz und Hafer. Täglich gebe man in der Frühe etwas Eifutter oder Biskuit. Das erhöht den Fleiß und die Lust zum Gesang.

## Der Vorsänger.

Die Vorsänger sind die Führer und Meister der Jungen, berufen, die in diesen schlummernden Kräfte zu wecken und die Gesangsanlagen auszubilden. Ihr Einfluß ist darum der denk= bar größte und deshalb bildet die Auswahl der Vorsänger eine schwierige Lösung für den Züchter.

Der beste Vorsänger ist eigentlich der Vater der Jungen, der Heckhahn; von ihm lernen die Jungen am leichtesten und besten. Ist der Vater aber mit irgend einem groben Fehler behaftet, der ihn als Vorsänger ausschließt, so ist ein stammes- oder gesangsverwandter Hahn der nächste, dem es gelingen dürfte, seinen guten Gesang den Jungen mit bestem Erfolge beizubringen. Es spielen auch hier die verwandtschaftlichen Be- ziehungen zwischen Vorsänger und Junghähnen herein. Be- schaffenheit und Leistungsfähigkeit der Singwerkzeuge sind durch die Stammeszugehörigkeit zwischen Vorsänger und Junghahn ziemlich gleiche. Sie erleichtern das Nachsingen der Stammes- touren. Vorsänger anderer Abstammung als die Junghähne, sollten möglichst ausgeschaltet werden, da die Gesangsleistungen der Junghähne meist sehr differieren und oft in schlechten, miß- glückten Formen vorgetragen werden.

Der Vorsänger sollte eigentlich ein Idealvogel sein, ohne jeden Fehler. Da aber höchst selten solche Wundertiere ge- züchtet werden, müssen auch andere Hähne als Lehrmeister ge- nommen werden. Der Vorsänger darf keine spitze, harte, schrille, breite Klingel, Klingelrolle, Schwirre und Pfeifen bringen; er soll frei sein von kreischenden, scharfen Aufzügen, von flachen, schnarrigen Knorren, von näselnden, rätschenden, heiseren Roll- touren, von breiten Wasserrollen, von groben Beiwörtern, von Schnettern, von Zitt und Schapp. Ein langgezogener, ruhiger Vortrag, bestehend aus reinen, abwechselnden, schmelzigen, klang- vollen Touren mit glatten, wohlklingenden Übergängen, mit wenig Pfeifen und zarten Klingeln dürfte einen Vogel zum guten Vorsänger stempeln. Weiche Aufzüge, kurze Schwirren, ab und zu eine etwas hohe Pfeife können noch geduldet werden, in der Voraussetzung, daß der Vogel nicht alle diese Fehler gleichzeitig in seinem Liede vereinigt. Ein Vorsänger soll ein 1. Preisvogel sein.

Es ist selbstverständlich, daß man die Vorsänger in aller- nächste Nähe der Junghähne bringt. Sie in die Flugbauer zu den Jungen zu setzen, halte ich für falsch, weil sie diese stets belästigen und stöten würden; auch leidet ihr Vortrag, weil er durch die Aufregung sehr häufig unterbrochen wird. Besser ist es, wenn der Vorsänger im Gesangskasten vor die Jungen ge- hängt wird. Ist das Ausbildungszimmer etwas verdunkelt, dann kann das Türchen am Gesangskasten geöffnet bleiben, sodaß das Lied direkt in seiner ganzen Schönheit von den Jungen gehört werden kann und nicht durch die Holztüren eventl. in seiner Klangfarbe eine Einbuße erleidet. Ist eine Verdunkelung des Ausbildungszimmers nicht möglich, so muß man — falls der Vorsänger etwas aufgeregt ist — die Türchen am Gesangs- kasten schließen.

Manche Züchter stellen den Vorsänger in die Gesangs- spinde zu den Jungen. Ist er nicht allzu hitzig, so kann diese Plazierung bei einer kleinen Zucht gutgeheißen werden. Stehen aber um den Vorsänger mehr als 12—15 Junghähne, so bringt der Vorsänger nicht durch mit seiner Stimme und die außen stehenden Jungen hören ihn nicht. Besser ist es dann, den Vorsänger vorzuhängen, denn da hört ihn jeder und es genügt ein einziger für 30—40 Junghähne. An Vorsängern wird der kleine Liebhaberzüchter keinen Überschuß haben, deshalb ist es für ihn ratsamer, nur einen, aber guten Vorsänger beizugeben, als drei, von denen zwei mit diesen oder jenen Fehlern behaftet sind. Wenn man drei Vorsänger nimmt, von denen jeder einen kleinen Fehler hat, so lernt ein begabter Junghahn die drei Fehler. Hat man aber nur einen Vorsänger mit einem kleinen Mangel, so lernt der Junghahn nur diesen. Also besser nur einen Vorsänger nehmen, aber dieser soll gut sein.

Um die Vorsänger singend durch die Mauser zu bringen, ist die tägliche Zugabe von Biskuit oder Eifutter sehr zu emp- fehlen. Stellt er den Gesang dennoch ein, so ist das Schweigen nur von kurzer Dauer.

## Vorbereitung zum Wettgesang.

Die letzte Ausbildung gibt man den Junghähnen im Ge- sangskasten, wo sie noch ungestörter sitzen als bei der großen Masse in der Gesangsspinde. Der Züchter kann da jeden ein- zelnen Vogel gründlich abhören und prüfen, was zu den Aus- stellungen gut wird und was als Mittelvogel abgesondert werden muß. In der letzten Ausbildungszeit nehmen die Vögel am leichtesten Fehler auf, sie sind sehr wechselnd in ihrem Liede und minderwertige Sänger können in diesem Stadium viel ver- derben. Es muß also recht scharf ausgemerzt werden, sodaß am Schlusse das Häuflein derer klein geworden ist, die zum „Gesangswettstreite" den Zulassungspaß erhalten sollen.

Die erſten Ausſtellungen beginnen meiſt in der 2. Hälfte des Monats November, noch etwas früh für die Junghähne, welche aus den letzten Bruten ſtammen und es ſind oft gerade dieſe die beſten Sänger. Kollervögel pflegen . erſt im Januar geſangsfertig zu ſein, daher erklärt ſich auch, daß ſie auf frühen Ausſtellungen ihre Kollertour vor dem Preisrichter nicht oder unvollendet und kurz bringen.

Der Züchter muß darum — will er ſein Standgeld nicht umſonſt ausgeben — ſpätere Ausſtellungen abwarten, bis ſeine Primaner älter geworden ſind und ihre Lieder mehr Zug und Verbindung beſitzen, mehr Stimmenglanz und Kraft entfalten können. Unreiſe Früchte kann man nicht genießen. Unreiſe, unfertige Lieder können nicht richtig taxiert werden. Solche Sänger ſind wahre Jammerſänger, ſie verderben durch ihr fort= geſetztes Abbrechen und Spielen im Käfig dem Preisrichter den Genuß und enttäuſchen ihren Beſitzer. Zu Hauſe an der ge= wohnten Stätte, da ſang der Vogel prächtig, vor dem Preis= richter aber wollte er nicht ſingen. Darum überlege ſich jeder Ausſteller vorher, ob er ſeine Junghähne ſchon ausſtellen kann oder nicht. Die auszuſtellenden Vögel müſſen g e ſ a n g s = r e i f ſein.

Wer beabſichtigt, Kanarienhähne auszuſtellen, muß die= ſelben auf die Ausſtellung vorbereiten. In anderen Sports= richtungen iſt man viel beſſer dran; die äußere Erſcheinung kann jederzeit bewertet werden. Anders beim Kanarienvogel. Hier muß man warten, bis es demſelben zu ſingen gefällig iſt. Es ſpielen viele Momente herein, die den Vortrag weſentlich beeinfluſſen, die ihm von Vorteil oder auch von Nachteil ſein können. Vor allem ſind zu nennen die körperliche Verfaſſung und die ſeeliſche Stimmung des Vogels. Ein geſunder Vogel wird jederzeit aufgelegt ſein, beim Singen ſein Können im hellſten Glanze zu zeigen. Geſunde Vögel ſind ſeeliſch auch wohlauf. Dem leidenden Sänger fehlt die Luſt zum Singen; ſein abgeriſſener, matter Geſang verrät eine gedrückte innere Verſtimmung, die auch äußere, lockende Reizmittel nicht ver= ſcheuchen können. Geht es uns Menſchen doch auch nicht beſſer! Alſo die erſte Bedingung für den ausſtellungsfähigen Vogel lautet: Geſund muß er ſein; den kranken laſſe zu Hauſe! 

Die ausgeſtellten Vögel pflegt man in größere Trans= portbauer zu ſetzen mit Innenfütterungsvorrichtung. Deshalb ſind die Konkurrenzſänger einige Wochen vor den Ausſtellungs=

terminen in solchen Käfigen zu halten. Das Umsetzen im Aus-
stellungslokal in die vorgeschriebenen Käfige bringt oft viele
Nachteile, unter denen natürlich der Aussteller zu leiden hat.
Der neue Käfig entfremdet die Tiere und sie lassen lange auf
sich warten, bis sie singen; sie probieren meist erst, ob es sich
im neuen Heim auch singen läßt. Die Sitzstangen sind in anderen Entfernungen und dünner oder dicker, als es der Vogel
bisher gewöhnt war; beim Hüpfen kommt er schließlich mehr-
mals auf den Boden zu sitzen, er flatscht ängstlich und aufgeregt im Käfig herum. Die neuen Sitzstangen gewähren ihm
nicht den nötigen Halt beim Singen, deshalb singt er nicht
durch oder nicht so schön. Das sind so kleine Ursachen, die
oft so nachteilig für den Aussteller sind, daß sie wohl bedacht
werden müssen. Wer also eine Ausstellung beschicken will,
muß sich den richtigen Ausstellungskäfig, den Einheitskäfig, mit
schwarzem Draht an der Stirnseite, beizeiten zulegen und die
Vögel in diesen gewöhnen.

Von dem Ausstellungsvogel wird erwartet, daß er in
kürzester Zeit ein zusammenhängendes, abwechslungsvolles Lied
vorträgt. Es ist nichts stumpfsinniger und ärgerlicher für den
Preisrichter, als wenn ihm Vögel vorgestellt werden, die nicht
singen wollen. Auf ein schlagfertiges Singen sind demnach die
Vögel vorzubereiten. Es ist bekannt, daß junge Vögel erst
trainiert werden müssen. Manche Züchter haben hierin oft
staunenswerte Erfolge zu verzeichnen. Könnte man mit den
Tierchen reden, so würde man ihnen zum Wettsingen die gute
Weisung mitgeben: Singt auch recht schön und brav, traget
euer ganzes Lied recht gebunden und mit Ausdruck vor, kümmert,
euch nicht um euere Umgebung, denn vor euch sitzen Züchter
und Gesangskenner, die wollen euch hören, die wollen euch
sagen, was euer Gesang wert ist. Aber sintemal wir es mit
unverständigen Tieren zu tun haben, ist das nicht möglich, und
die Vorbereitung auf ein schlagfertiges Singen muß sich mit
äußeren Reizmitteln behelfen. Durch Zischen und Locken in
Lauten, die jenen der Tiere ähnlich klingen, versucht man die
Vögel zum Singen zu veranlassen. Das Reiben mit Papier,
mit dem Messer am Glase oder an sonst einer Reibfläche regt
den Vogel zum Singen an. Auch das Spielen auf irgend
einem Musikinstrumente öffnet dem Vogel die Kehle zum Gesang. In der Preisrichterstube werden derartige Maßnahmen
getroffen, die den Vogel zum Singen herausfordern. Eben-

solche Versuche mache auch der Züchter mit seinen Ausstellungs=
vögeln.

Der Preisrichter will die Vögel auch beim Singen sehen.
Deshalb ist es Gepflogenheit, die Sänger im offenen Gesangs=
kasten abzuhören. Auch das mache der Züchter, indem er
seine Vögel in den Kästen auf einen Tisch in Augenhöhe stelle
und sie zum Singen reize. Ein anderes Mal stellte man die
Vögel frei auf den Tisch, auf den Gesangskasten, auf den
Schrank, auf den Stuhl, bald hoch, bald nieder, bald nahe zu=
sammen, daß sie sich sehen, bald weit auseinander, daß sie sich
gegenseitig zurufen. Man hänge sie frei an die Wand, man
trage sie in andere Zimmer, man lasse sie singen in Gegenwart
fremder Personen. Tag und Licht sind von Einfluß auf den
Gesang. Der Ausstellungsvogel muß bei Tag und bei Licht
singen, also stelle man auch die Vögel bei Licht heraus und
reize sie zum Singen. Wohl die Mehrzahl der Kanarienzüchter
wird ihre Vögel an den langen Winterabenden bei Licht ab=
hören müssen, da Berufspflichten sie tagsüber der Nähe ihrer
Lieblinge entziehen. Die Anregung, auf Ausstellungen sämt=
liche Vögel bei künstlichem Lichtscheine abzuhören, wird wohl
jeder Züchter und Aussteller gerne begrüßen in der Hoffnung
auf bessere Erfolge.

Unterläßt der Züchter die Dressur seiner Vögel auf den
Gesang, so läuft er Gefahr, schlecht abzuschneiden und sein
Aerger über den Durchfall ergießt sich vielleicht mit Unrecht
über die Preisrichter, die hier keine Schuld treffen kann. Ohne
Fleiß auch hier kein Preis!

Ist die Dressur in der beschriebenen Weise erfolgt, so obliegt
dem Züchter eine weitere wichtige Arbeit, das ist die Zusammen=
stellung der vier Sänger zu einem Stamme. Lesen wir die
Ausstellungsberichte durch, so heißt es immer wieder: Die
Vögel paßten nicht zusammen oder: Hätte der Herr X. den
Vogel Nr. 17 seiner zweiten Kollektion in die erste gestellt, so
wäre er wohl sicher an die Spitze gekommen. Aus diesen und
ähnlichen „Wenn und Aber" geht die Wichtigkeit der Zu=
sammenstellung der Vögel zu einem Stamme hervor. Und
gerade in der richtigen Zusammenstellung der Sänger zeigt der
Züchter, was er versteht von der Prämiierung, von der Stamm=
zucht. Indes kann man auch hier einmal „Pech" haben, indem
ein sonst guter Vogel seinen Herrn im Stiche läßt.

Unsere Prämiierung ist die Stammprämiierung. Nicht vier beliebig zusammengekaufte oder zusammengestellte Vögel bilden einen Stamm. Sie bilden wohl eine sogenannte Kollektion, welche Bezeichnung ich gerade so gut auf vier verschiedenfarbige Stoffmuster anwenden kann. Handelt es sich um die Ausstellung eines Stammes Gesangskanarien, so muß aus ihrem Gesange die innere Verwandtschaft durch den Gesang zum Ausdruck kommen und dieses Stammesgepräge gibt sich kund in den Bewertungstouren und in den Entwertungstouren, in der Tonlage, in der Tourenfolge und Tourenverbindung, im Organ der Vögel, in der merkwürdig übereinstimmenden Tonfülle bei manchen Touren, im Klangbilde des ganzen Vortrages.

Die gesanglichen Stammeseigenheiten müssen sich also in den vier Stammvertretern vorfinden. Der Aussteller wird natürlich deshalb die vier Vögel zusammenstellen, welche das Charakteristikum seines Stammes am vollendetsten repräsentieren. Deshalb empfiehlt es sich, schon bei der Einzeldressur die vier gesangsähnlichen Sänger gleichzeitig im Zimmer auf den Wettgesang vorzubereiten, sodaß sie sich aneinander gewöhnen. Wenn der eine das Singen anfängt, muß der zweite einstimmen und die andern werden folgen.

Dieses richtige Zusammenstellen der Ausstellungs-Konkurrenzsänger ist für den Züchter ehrend und er darf dann stolz darauf sein, wenn das Preisgericht in der Rubrik „Stammesharmonie" den musikalischen Geschmack des Züchters mit einer schönen Punktzahl anerkennt. Nach der Bewertungsweise, wie sie der Weltbund zurzeit im tieferen Sinne erfaßt hat, ist die Zusammenstellung der Stammtiere für den Züchter eine sehr wichtige Arbeit, weil er darnach trachten muß, alle Gesichtspunkte, von denen das Lied des einzelnen Vogels, sowie der klangliche Eindruck des ganzen Stammes beurteilt wird, zu seinem Vorteile herauszufinden. Es ist deshalb auch notwendig, daß sich der Aussteller orientiert, nach welchem System die Prämiierung erfolgt, damit er sich darnach richten kann. Wird nach den Grundsätzen des Weltbundsystems bewertet, so ist die Stammesgemeinsamkeit der Vögel gründlich abzuwägen. Nach andern Bewertungsweisen ist es gleichgültig, wie die vier oder sechs Vögel singen, die Hauptsache ist ja da nur, daß jeder einzelne Vogel hohe Punkte bekommt, gleichviel, ob er in den Stamm paßt oder nicht.

Die Fütterung vor der Ausstellung ist endlich auch wichtig, weil sie die Vorbereitung der Vögel beeinflußt. Die Ansichten sind in diesem Punkte verschieden, und es läßt sich nicht entscheiden, welche Fütterungsmethode die beste ist. Manche Züchter halten ihre Ausstellungsvögel recht zurück, indem sie nur Rübsen und etwas Ei, ab und zu auch Wormatia und „Rettung" verabreichen. Andere geben kräftig Mischfutter, auch reichlich gequetschten Hanf, weil sie sich sagen: ein gutes kräftiges Futter macht den Vogel schneidig und erzeugt einen feurigen Gesang voll Zug und Temperament. Wer hat nun recht? Dies beurteilen zu wollen, ist schwierig, weil der Gesang durch das Benehmen des Vogels bei verschiedenartiger Fütterung verschieden ist. Ich meine, das müßte ein jeder Züchter selbst herausfinden, was hier am besten ist. Wünschenswert wäre es im allgemeinen aber, wenn die Vögel kurz vor der Prämiierung eine kleine Leckerspeise in gequetschtem Hanf erhielten, die aber im Augenblick der Vorstellung vor dem Preisrichter verzehrt sein sollte.

Bevor die Vögel dem Preisrichter vorgestellt werden, sollen sie halb dunkel gestanden haben. Vögel, die zu lange frei und offen stehen, verspielen ihre Zeit und treiben allerlei Kurzweil. Singen wollen sie aber nicht. Das ist auch bei der Einzeldressur vor dem Wettsingen zu beobachten. Will ein Vogel beim Herausstellen nicht gleich singen, so stelle man ihn nach etwa zehn Minuten wieder an seinen dunkeln Platz und hole ihn nach einer Viertelstunde wiederum hervor. Diese Maßnahme wird ihn im Laufe einiger Tage bewegen, mit seinem Liede beim Herausstellen alsbald zu beginnen.

Im allgemeinen soll man nicht gar zu ängstlich sein bei der Auswahl der Ausstellungsvögel. Kräftige, tiefe Touren in großzügigem Vortrage imponieren, d. h. sie erwecken im Zuhörer Beifall. Was schadet eine spitze oder dünne Pfeife oder ein mittlerer Aufzug bei einem solchen Vogel? Besser wäre es ja, wenn er ohne Fehler wäre, aber wo sind Vögel ohne Fehler? Vielseitige Vögel haben ausnahmslos immer eine kleine Unebenheit in ihrem Liede. Man lese nur die Ausstellungsberichte! Bringt ein Vogel eine schöne markante Knorre, eine prachtvolle Hohlklingel, eine gute Hohlrolle mit anschließender Schockel, gute mittlere Pfeifen und eine annehmbare Klingel oder Klingelrolle, so wird ein mäßiger Aufzug oder eine Stoßpfeife nicht so sehr entwertend sein können, falls die Fehler nicht so häufig und schwer auftreten.

Die richtige Auswahl unter den gezüchteten Junghähnen, die sachgemäße Dressur auf ein sofortiges Einsetzen des Ge= sanges und zusammenhängendes Absingen möglichst aller Touren, die verständnisvolle Zusammenstellung der vier Vögel zum Stamme, das sind die wichtigsten Arbeiten, die der Züchter vor der Ausstellung zu besorgen hat. Sie bürgen ihm für einen guten Erfolg beim Wettsingen und entlohnen ihn für all seine Mühen, seinen Fleiß und seine Kunst.

# II. Der Züchterkurs.

Allerlei Wissenswertes für den Gesangskanarienzüchter und die Vereine.

Disposition.

### I.

Inzucht. — Blutauffrischung. — Kreuzung. — Rückschlag. — Lehrorgel und Lehrautomat.

### II.

Die Ernährung der Kanarien. — Eine zweckmäßige Einrichtung. — Überwinterung der Weibchen.

### III.

Die Legeorgane. — Begattungsprozeß. — Klare Gelege und deren Ursachen. — Entwickelung des Embryo im Ei. — Absterben der Jungen. — Verkrüppelungen.

### IV.

Allerlei äußere und innere Krankheiten und ihre Heilung.

### V.

Die Kanarienausstellung. — Voranschlag zu einer Kanarienausstellung. — Goldene Regeln für Aussteller. — Kanarienhandel und -Verkauf.

# I. Inzucht, Blutauffrischung, Kreuzung, Rückschlag.

Die Vererbungsgesetze lehren uns, daß Vater und Mutter mit ihren Kindern direkt blutsverwandt sind, denn letztere sind Blutmischlinge aus der Verbindung von Vater und Mutter.

Auch bei den Kanarien besteht die gleiche Blutsverwandtschaft. Paart man hier Mutter und Sohn, Vater und Tochter, so betreibt man Inzucht. Paart man Söhne und Töchter eines Elternpaares (also Geschwister), so betreibt man Inzucht.

Werden die Nachkommen aus diesen Verbindungen wieder in der angeführten Weise gepaart, so ist das fortgesetzte Inzucht.

Die Inzucht bringt Vorteile und Nachteile.

Bei den Gesangskanarien dient die Inzucht zur Erhaltung und Ausprägung der Stammeseigenschaften. Die Praxis hat erwiesen, daß sich durch Inzucht die Gesangstouren der Kanarien mit größerer Energie vererben als durch Paarungen mit fremden Tieren. Bei den Gesangskanarien handelt es sich in erster Linie um den Gesang. Dieser wird in der Vogelkehle vom Singmuskelapparat erzeugt. Letzterer befindet sich im unteren Ende des Kehlkopfes, wo sich die Luftröhre blasenartig erweitert und in die Bronchien teilt. Hier sitzt der aus Bändern, Häuten und Muskeln zusammengesetzte Singmuskelapparat, der durch Zusammenziehen, Ausdehnen und Höhlen der Muskulatur die verschiedensten Touren hervorbringt. Dieses fein bemuskelte Instrument ist bei den einzelnen Stämmen sehr verschieden. So ist die Stimmerzeugungsfähigkeit bei Hohlrollerstämmen nicht dieselbe wie die der Wasserrollerstämme, die Stimm=Muskeln der Vögel mit gluckenden Tönen haben eine andere Ausdehnungs und Bewegungsmöglichkeit als jene der Kollerstämme. Die Einrichtung des Singmuskelapparates ist verschieden und deshalb ist auch die Nachahmungsfähigkeit verschieden. Durch Inzucht werden also gleiche Singmuskelapparate und mit diesen die

Fähigkeiten zur gleichen Tonerzeugung vererbt, wodurch die Fort-
erhaltung und Vervollkommnung gewisser stammeseigener Gesangsstücke garantiert ist.

Die Nachteile der Inzucht treten erst in Erscheinung, wenn
bei gleichen Lebensbedingungen eine fortgesetzte
Paarung direkter Blutsverwandten stattfindet. Sie äußern sich
in Zeugungsunfähigkeit bei Männchen und Weibchen,
im Absterben der Jungen im Ei,
in Verkrümmungen, Lebensschwächen, Verkrüppelungen und
Mißgeburten,
in schlechtem Füttern der Weibchen, in unregelmäßigen Gelegen, in schlechtem Brüten, in Leberleiden, Magen- und
Darmleiden, Unterernährung, Schwindsucht und dergl.

Auf die Dauer ist darum die fortgesetzte Inzucht nicht zu
empfehlen. Deshalb ist man genötigt, das Blut der Tiere durch
andere zu mischen, d. h. aufzufrischen. Obwohl die Kanarien
in weiterem Sinne eine große Verwandtschaft darstellen, so ist
doch durch die veränderte Lebensweise und die grundverschiedenen
Lebensbedingungen an verschiedenen Orten die Zusammensetzung
von Körper- und Blutstoffen so verschieden, daß Paarungen
trotz der Verwandtschaft ohne Bedenken vorgenommen werden
dürfen.

Paart der Züchter Vögel aus einer anderen Züchterei mit
seinen eigenen, so ist es eine **Blutauffrischung,** wenn die
fremden Vögel gleicher Gesangsrichtung sind. Eine Paarung
mit Vögeln ganz verschiedener Gesangsrichtung nennt man
Kreuzungen.

Blutauffrischung kann erfolgen:
1. mit blutsverwandten und gesangsverwandten
Vögeln,
2. mit blutsfremden, aber gesangsverwandten Vögeln.

Diese beiden Möglichkeiten sind in der Gesangskanarienzucht (Stammeszucht) wohl die erfolgreichsten und häufigsten
Methoden.

Paart man Hohlroller mit Wasserrollern, Rollervögeln,
Gluckvögeln usw., so gibt es **Kreuzungen,** weil diese Tiere
in engerem Sinne blutsfremd und auch gesangsfremd sind.

Wer sich seinem Geschmacke entsprechend die Stammeseigenheiten erhalten will, der betreibe Inzucht mit abwechselnder
Blutauffrischung. Wer dagegen Zeit und Verständnis für Ver-

suche hat, der kreuze auch und er wird da unerwartet schöne Gesangsstücke herauszüchten. Freilich gehört Geduld dazu, insbesondere darf man nicht so veranlagt sein, als sollte die Kanarienzucht eine Geldquelle bilden. Wer das beabsichtigt, der züchte Hohlroller.

Der Weg zu neuen Formen geht m. E. von den Hohlrollern durch Kreuzung mit Knorrvögeln auf Knorrformen über. Zu tiefen Hohlknorren ausgezüchtet und gekreuzt mit tiefen Wasserrollern und tiefen Gluckvögeln, entstehen Wasserknorren, Wassergluckknorren, Hohlwassergluckknorren, kullernde Hohlwassergluckknorren und Kollern. Wenn man auch bei Kreuzungen im voraus nicht wissen kann, wie sie ausfallen, so sind doch gute Erfolge zu erwarten, wenn man nur die besten und tiefsten Formen zusammenpaart. Sind gute Kreuzungsprodukte erzielt, so müssen sie zunächst durch Inzucht gefestigt und später durch Blutwechsel aufgefrischt werden. So entstehen neue Stämme.

Zuweilen kommen auch Rückschläge (Atavismus) vor, indem Vögel in eine frühere Richtung der Groß- oder Urgroßeltern zurückkommen und dem gegenwärtigen Stamme fremde Touren singen. Diese Fälle treten bei planmäßiger Stammzucht seltener auf. Sie sind oft auch wieder die Stammhalter früherer Touren und als solche sehr zu begrüßen.

(Gute Winke über Stammeszucht usw. enthält „Der Kanarienfreund", Heft II, Preis 1 Mark, Verlag Robert Fuchs, Altenburg, S.-A.).

## Lehrorgel und Lehrautomat.

Die besten Vorsänger für die Junghähne sind ihre Väter oder andere gesangsverwandte Hähne. Zur Förderung und Ausprägung des Stammesgesanges sind solche unentbehrlich. Leider findet man nicht immer den gewünschten fehlerfreien Vorsänger und so bedient man sich eines Hilfsmittels der Lehrorgel oder des Lehrautomates.

Mehrjährige Versuche mit der Lehrorgel als Vorsänger berechtigen mich zur Abgabe folgenden Urteils. Es ist zu begrüßen, daß man selbstgehende Orgelwerke hat, welche die Gesangstouren so wunderschön, tonrein und prächtig vortragen. Sie regen die Alten und Jungen zum fleißigen Singen an, was insbesondere zur Zeit der Mauser von großem Werte ist;

sie erhalten die Junghähne in der Übung und „Übung macht den Meister", wer viel übt, lernt schnell.

Was für gesangliche Erfolge ergibt die Verwendung von Lehrorgeln? Um das zu beurteilen, muß man jeden natürlichen Vorsänger weglassen. So habe ich es vier Jahre lang probiert und bekam reine Sänger ohne Klingel (unter 20 Junghähnen waren 16 ohne Klingel). Leider gingen die Vögel in Hohlrolle nicht so tief herab wie die Orgel, die Knorre war durchweg geschlossen, jedoch keine Hohlknorre, der Vortrag war etwas matt und in einzelnen Touren zuweilen übermäßig lang, so daß das Ganze kein besonders schönes Klangbild ergab. Die Jungen hatten einen schweren Anfang und wurden spät gesangsfertig. Wie den Nachteilen abzuhelfen ist, das wurde von den Fabrikanten der Orgelwerke ausgedacht und wir finden heute eine schönere Abwechselung in Knorren, kullernden Hohlrollen, gezogenen Schockeln und Bogenhohlrollen. Ob aber das alles unsere Vögel lernen? Meines Erachtens liegen alle Touren der Orgeln usw. mit Ausnahme der Knorre um mindestens acht Töne zu tief. Die Tonlagen der Orgel stimmen mit der Stimmbegabung der Vögel nicht immer überein. Es wäre darum notwendig, daß jener Züchter, welcher seine Junghähne mit der Lehrorgel ausbilden will, dem betreffenden Fabrikanten die Lagen seiner Vögel mitteilt, ebenso auch die Aufeinanderfolge der Touren, wie sie die alten Heckhähne bringen. Zur leichteren Beurteilung der Lagen habe ich bei dem Kapitel „Tourenbeschreibung" eine Darstellung in Noten gegeben, welche man dem Orgelfabrikanten einsenden kann. Wenn die Orgeltouren mit der Stimmlage des Vogels übereinstimmen, dann ist Hoffnung auf guten Anfang, richtige Auffassung und Entwickelung neuer Touren bei Junghähnen gegeben. Für jede größere Züchterei können Lehrautomat und Lehrorgel unter den angeführten Bedingungen empfohlen werden.

## Überwinterung der Weibchen.

Wer sich seine Weibchen zur eigenen Zucht herausgesucht hat, wird diese gesondert in ihren Flugraum setzen und ihnen eine entsprechende Behandlung und Pflege zuteil werden lassen. Die übrigen Weibchen, die nicht zur eigenen Zucht verwendet werden können, nennt man Verkaufsweibchen. Sie kommen ebenfalls in einen besonderen Flugraum, nicht weil sie etwa schlechter wie ihre anderen Geschwister sind, sondern weil sie zum Versande jederzeit bereit sitzen sollen. Das Herausfangen aus der großen Masse versetzt die Vögel immer in Aufregung, sie huschen da und dorthin, leicht könnte ihnen dabei ein Unfall zustoßen, kurz, es ist besser, wenn sie allein sitzen. Die Verkaufsweibchen müssen wie die eigenen wohl gepflegt und gefüttert werden. Schon bei der Sondierung untersuche man alle Weibchen auf ihren Gesundheitszustand; die glatt und vollkommen befiederten behalte man, die struppigen, temperamentlosen, kränklich dreinschauenden Weibchen behandle man entsprechend ihrer Krankheit, und wenn sich keine Heilerfolge in 4—6 Wochen zeigen, töte man sie. Es ist besser, solche Tiere zu töten, als sie zu verkaufen, denn dadurch stiehlt man dem Nächsten sein Geld aus der Tasche, bringt sich selbst in Mißachtung und schädigt den Sport. Die zum Verkauf bestimmten Weibchen sollen ebensogut und reichlich gefüttert werden, wie die eigenen. Zur eigenen Zucht behalte man sich mindestens ⅓ noch in Reserve, um für unvorhergesehene Unfälle oder Mißerfolge gedeckt zu sein.

Während der kälteren und kalten Jahreszeit soll man den Weibchen recht weite und ausgedehnte Fluggelegenheit geben, damit durch die anstrengende Flugtätigkeit alle Körperteile in Erregung und Wallung kommen und die aufgenommenen Nahrungsstoffe gut verdaut und aufgebraucht werden können. Große Flugbewegung bringt feurige, kräftige, temperamentvolle Weibchen, deren Organe alle intakt sind und bei der Verrichtung des Brutgeschäftes auch bleiben. Zur kalten Jahreszeit erzeugt eine ausgiebige Flugtätigkeit wärmendes Blut, und die Vögel können dann auch eine niedrige Temperatur ohne Schaden zu leiden ertragen. Freilich müssen sie auch daran gewöhnt werden. Dies geschieht am besten, wenn man die Weibchen im Herbste schon in den Überwinterungsraum bringt und sie mit der immer mehr sinkenden Temperatur hineinleben läßt. Dadurch werden die Weibchen allmählich abgehärtet und gegen kalte Tage gestählt. Ein plötzlicher Temperaturwechsel ist den Tieren wie den Menschen gefährlich. Auch sie erkälten sich dann rasch und werden durch allerlei Leiden empfindlich geschwächt, wenn nicht gar zum künftigen Heckbetriebe untauglich gemacht. Es ist Tatsache, daß die verschickten Weibchen alle unter dem Wechsel des neuen Raumes, der Temperatur und des Futters anfänglich leiden. Diesem kann durch Angabe über Fütterung und

Temperaturgewöhnung vorgebeugt werden. Wenn ein Züchter seine Weibchen im überwarmen Küchenraume überwintert und während des Winters eine Anzahl versendet, die dann in einen ungewohnten kälteren Raum gesetzt werden, so bauschen sie das Gefieder, hängen die Flügel, ziehen den Kopf ein und machen „einen Buckel". Die Vögel sind die Temperatur nicht gewöhnt; sie müssen dann sofort warm gesetzt werden, wenn sie gesund und hecksähig bleiben sollen. Setzt man gekaufte Weibchen, denen früher große Flughecken zum Ausfliegen zugewiesen waren, in einen kleinen Raum, so tritt bei dieser Änderung der Lebensweise in der Regel ein vorübergehendes Unwohlsein ein, bis das Tier sich seinem neuen Wohnraume angepaßt hat. Dieses Unwohlsein kann seine Ursache in einer seelischen Verstimmung über den Verlust des großen Flugraumes und dem Gefühl einer gewissen Einengung oder auch in einer durch die gegebenen Verhältnisse bedingten Unregelmäßigkeit in der Verdauung haben. Die Verstimmung wird bald schwinden, dagegen ist der Verdauungsstörung besondere Aufmerksamkeit zu schenken. Bei der früheren Fluggelegenheit ging der Stoffwechsel normal vor sich, der die Bewegung einschränkende Raum aber stört jetzt den gewohnten Vorgang in Magen und Gedärmen. Ratsam ist eine etwas weniger üppige Fütterung in dieser Übergangszeit, vielleicht die Darbietung von prima Rübsen, etwas Glanz und blauem Mohn. Hat sich so der Vogel eingewöhnt, so kann man mit kräftigendem Futter allmählich einen dem Vogel zuträglichen Fettansatz anfüttern.

Die Übervölkerung der Bauer kann sicher nicht zum Vorteile der Weibchen dienen, denn dadurch ist die Bewegungsfreiheit unterbunden, ein langsames und hinreichendes Aufnehmen und Zerkleinern der Nahrung in Frage gestellt und ein unausstehliches Gezänke um Futter- und Schlafplatz spielt sich in der Hecke ab. Die Kotansammlung im kleinen Raum verpestet die Luft, die Vögel beschmutzen sich die Füße. Wer es möglich machen kann, sorge also für einen großen Flugraum.

Außerdem sind zu fordern Luft und Licht. Wie die Pflanze ohne Luft und Licht nur ein kümmerliches Dasein fristet, so gedeihen auch unsere Weibchen bei dem Mangel dieser Lebensstoffe nicht sonderlich. An jeder Vogelstube sollte darum ein recht großes Fenster angebracht sein, durch das eine Ventilation zum Luftaustausch vorgenommen werden könnte. Wer ein nach Süden gelegenes Zimmer seinen Weibchen zum

Aufenthalte anweisen kann, der wird ihnen die wohltuenden und luftreinigenden Wirkungen des direkten Sonnenlichtes zuwenden können. Die öftere Reinigung des Käfig= oder Flugbodens muß sich der Züchter recht angelegen sein lassen. Die dem Kote entströmenden Dünste durchschwängern die Luft und werden von den Vögeln mit all den vielen schädlichen, mikroskopisch kleinen Krankheitserregern eingeatmet. Auch Futterkerne picken die Vögel oft am Boden zwischen dem Kote auf, und so gelangen darmentzündende Bazillen in die Verdauungsorgane, wo sie alsdann verheerend wirken. Ich halte die Reinigung des Bodens gleich nach dem Bade, das man bei warmer Temperatur im Zimmer z. B. an recht sonnigen Tagen geben soll, für absolut notwendig; denn gerade das dadurch verspritzte und ausgelaufene Wasser weicht den Kot, verdunstet mit den aufgelösten Kotteilchen und verbreitet einen pestilenzialischen Geruch.

Zur Reinigung der Luft dient ferner das Bestreuen des Bodens mit Sand; am besten geeignet ist der gesiebte, ausgewaschene, graue Flußsand (Rheinsand). Dieser nimmt die flüssigen Kotbestandteile in sich auf, verhärtet sich mit ihnen und die stinkenden Gase werden gebunden. Beim Anfeuchten jedoch werden letztere frei, daher auch der unausstehliche Geruch.

Ueber die Ernährung während des Winters und Vorbereitung zur Hecke ist ja schon viel geschrieben worden. Besondere Geheimmittelchen gibt es dabei nicht. Ernähre die Vögel naturgemäß, d. h., stelle den Vögeln so viel und so reichlich Futter hin, daß sie sich satt daran fressen können und so alle Stoffe aufnehmen, die ihrem Körperaufbau notwendig sind. Kalkstoffe enthalten alle Körner, auch Fett und Eiweiß. Milder Rübsen, großkörniger Glanz, nahrhafter, geschälter Hafer und eine kleine Beigabe von blauem Mohn müssen die Hauptnahrung bilden, sie erhalten den Vogel gesund und geben ihm auch Kraft. Hanffutter kann an kalten Wintertagen täglich eingestellt werden, es bringt Wärme. Das Eifutter beschränke man auf drei Portionen pro Woche. Vom Monat Januar an gebe man viermal Eifutter, damit sich der Hecktrieb so nach und nach zu regen beginnt und die Organe der Fortpflanzung, die bei einer naturgemäßen Fütterung an sich schon Nahrungs= und Bildungsstoff gesammelt haben, eine reichliche Zufuhr an bildenden gesunden Stoffen erhalten.

Nicht nur zur Heckzeit, sondern schon während des Winters sind dem Weibchen kalkhaltige Stoffe eigens vorzusetzen, damit alle Körperteile diese erdige Masse erhalten, dabei gesund und stark bleiben. Kommt dann die Legezeit, wo das Blut die Eierschalen bildenden Kalkstoffe antreiben muß, so ist das Legen schalenloser Eier kaum zu befürchten. Fehlte aber den aus Kalkstoffen aufgebauten Körperteilen dieser Kalk, so wird das Blut in erster Linie diesen vernachlässigten Teilen das nötige Quantum Kalk zuführen, den Rest aber für die Eierschalen ab= setzen. So erklärt sich auch das Legen schalenloser oder dünn= schaliger Eier. Die von Hühnereiern übrig bleibenden Schalen geben in fein zerriebenem Zustande ein zweckentsprechendes Kalkfutter. Vor dem Reiben ist die Schale zu säubern.

Sehr gerne werden auch süße Apfel von den Weibchen gefressen, sie bekommen ihnen wohl und fördern die Verdau= ung. Daß man täglich frisches Trinkwasser in reinen Gläsern darbieten soll, ist selbstverständlich. Abgestandenes, von Pilzen durchsetztes Wasser schadet; auch sollte das frische Wasser etwas temperiert sein, bevor es hingestellt wird. Ein besonders für das Trinkwasser geeignetes Glas ist das sogenannte pneuma= tische Vogelglas oder auch Vogelpumpe genannt, das, außen angehängt, in einem nach oben geöffneten, in den Käfig hinein= ragenden Schnabel das Wasser darreicht und die verbrauchte Wassermenge nach dem Gesetze der kommunizierenden Röhren ergänzt. Eine Beschmutzung des Wassers durch Kot kommt selten vor. Die Reinigung der Gläser geschieht am besten mit Soda= wasser und etwas großkörnigem Sand oder geriebener Eierschale.

Um die Milbenplage auf ein Minimum zu bringen, sind alle Schlupfwinkel für Milben zu verkitten. Empfehlenswert ist, an den Enden der Sitzstangen Ritzen und Löcher einzu= schneiden, damit sich hier die Milben ansammeln und alle Tage leicht getötet werden können. Auch Milbenfänger verschiedener Systeme sind gut. Doch ist alle 14 Tage bis 3 Wochen der Inhalt zu untersuchen, und wenn verstaubt oder verschmutzt, ist der Fänger durch kochendes Wasser zu reinigen und mit Öl frisch aufzufüllen. Hierzu halte ich Salatöl für gut. Zuletzt möchte ich ein weiteres Mittel empfehlen, das ist eine Mischung von Spiritus und Insektenpulver. Die Milbe ist durch Be= rührung mit dieser Flüssigkeit sofort tot. Der brennende Spiritus verflüchtet bald und der gelbe Schlamm des Insekten= pulvers erstickt die Milbe.

Die Hängesitzstangen (siehe Abbildung Seite 75), welche ein abgesondertes Sitzen den Weibchen gestatten, sind sehr praktisch; ich möchte sie empfehlen. Es ist eine Pracht, wohlbefiederte Weibchen im Flugraume sich tummeln zu sehen. Das Beißen und Gezänke beim Schlafengehen, das mitunter starke Blutverluste durch Ausreißen der Federn im Gefolge hat, wird bei dieser Einrichtung schwinden.

Das Einbauern der Weibchen v o r der Hecke, etwa von Mitte Dezember ab, hat mancherlei Vorteile. Zunächst kann man sie auf ihre Gesundheit genau beobachten.

1. Der Kot gibt uns Aufschluß über die Verdauung und veranlaßt uns evtl. zu zweckmäßigerer Fütterung oder sonst geeigneten Maßnahmen.

2. Man sieht, welche Tiere Futter zerbeißen, Rübsen schroten, welches Futter von dem einzelnen Tiere bevorzugt wird.

3. Man lernt die nervösen und schreckhaften Tiere kennen und gewöhnt sie zur Zutraulichkeit.

4. Durch die Einschränkung des Fluges und die Placierung des Weibchens in der Nähe des Hahnes wird die Heck= reise begünstigt und ein Ansammeln der Kräfte für die kleinere Einzelhecke rascher vorbereitet.

Wer in großen Flughecken züchtet, soll die Weibchen nicht einbauern.

Wenn wir so auf alles achten, was der Körper zu seiner Existenz naturnotwendig braucht, wenn wir allen Bedürfnissen in hinreichendem Maße Rechnung tragen, wenn wir bei auf= tretenden Krankheiten die sofortige Einzelhaft unserer Weibchen anordnen und separate Behandlung angedeihen lassen, so werden ernsthafte, für den ganzen Heckbetrieb heillose Störungen nicht ausbrechen. Vorbeugung durch naturgemäße Pflege ist des Züchters Pflicht. Vernachlässigung der Weibchen rächt sich bitter. Wer seine Pflicht aus Bequemlichkeit oder Sparsamkeit an den Tierchen versäumt, wird bald Schiffbruch leiden. Wer gesunde Zuchtweibchen sich erhalten will, merke sich:

Soll das Weibchen in deinem Heim
Gedeihlich sich entfalten,
So lerne es in seinem Keim,
Im Werden und Gestalten.
Dann pflege es mit Vorbedacht,
Mit Lieb' und ohne „Knausern",
Leicht übersteht es Winters Macht,
Die Zucht und auch das Mausern.

# II. Die Ernährung der Kanarien.

Jedes Geschöpf benötigt zu seiner Existenz der Nahrung. Die Beschaffenheit und gedeihliche Entwicklung seines Organismus ist zum größten Teile bedingt durch die Nahrung. Die geregelte und naturgemäße Zuführung eines guten Lebensstoffes fördert das Geschöpf in seinem Werden. Übermäßige Ernährung stört den normalen Verlauf, ungenügende spärliche Nahrungsaufnahme führt zu einer Verkümmerung des Wesens. Die gedeihliche Entwickelung eines Geschöpfes ist von der Qualität des Nahrungsbodens abhängig. Enthält er nicht alle Stoffe, die das sich entwickelnde Wesen zu seiner Entstehung und Entfaltung braucht, so tritt eine Änderung in der Gestaltung des werdenden Geschöpfes ein, die im Laufe der Zeit unter dem Fortbestehen der gleichen Verhältnisse äußere und innere Umformungen hervorruft, ja die weitere Existenzfähigkeit des Geschöpfes in Frage stellen kann.

Die Ernährung der Kanarien ist in die Hand der Kanarienzüchter gelegt. Was Mutter Natur kraftstrotzenden Wildlingen auf „Kanaria" mit vollen Händen bietet, das muß der Kanarienzüchter seinen Lieblingen in der Stube nach Möglichkeit auch ersetzen, will er nicht Gefahr laufen, einer Degeneration entgegen zu steuern. Die Nahrung des Kanarienvogels muß vor allem Eiweis und Faserstoffe zur Muskel- und Hautbildung, Kalkstoffe (phosphorsauren Kalk), aus denen die Knochen- und Federkielmasse entsteht, und Fettstoffe enthalten. Diese Nahrungsbestandteile werden durch die verschiedenartigen Sämereien, durch Weichfutter und sonstige kleine Gaben dem Körper zugeführt.

Unter den Sämereien nimmt der Rübsen die erste Stelle ein. Er enthält Eiweis, Fett und Kalk, die drei notwendigsten Stoffe, weshalb bei purem Rübsen kein Vogel verhungert. Ein Überfressen, mit schweren Verdauungsstörungen im Gefolge, ist fast gänzlich ausgeschlossen. Selbstredend ist die Beschaffenheit des Rübsens stets zu untersuchen. Der Sommerrübsen hat einen angenehmen, süßen Geschmack und unterscheidet sich vom Winterrübsen durch seine hellere Färbung der Schale und seinen milderen Geschmack. Winterrübsen ist ein größeres Korn mit schwarzer oder dunkelschwarzer Schalenfärbung. Sein Geschmack ist bitter, entbehrt des süßlichen Beigeschmacks und ist deshalb

den Vögeln nicht zusagend, auch nicht bekömmlich. Der aus=
gereifte Sommerrübsen hat eine rötlich bis dunkelbraune Fär=
bung der Schale, während das Innere einen buttergelben,
öligen Kern bildet, dessen Genuß dem Vogel vorzüglich be=
kommt, was sich insbesondere auch an der mühelosen, leichten
Ausscheidung des Kotes zeigt. Verstopfungen sind bei dem
ölreichen Samen selten.

Die größte Sorge des Züchters ist es tatsächlich, einen
guten Sommerrübsamen zu bekommen. Er läßt sich ein Muster
schicken, probiert es — es ist gut. Die Bestellung erfolgt.
Die erste Sendung ist auch gut, die zweite schlecht. Nun muß
er wieder eine neue Quelle suchen, und so geht es weiter.
Dieser stete Futterwechsel ist aber kein Vorteil für den Vogel;
die regelmäßigen Funktionen der Verdauungsorgane erleiden
eine Störung auf Kosten der körperlichen Entwicklung, denen
es an den nötigen guten Ersatzstoffen für die verbrauchten fehlt.
Unter dem Rübsen finden wir leider öfter sehr viel Hederich,
kleine, runde, bräunliche Samen vom Ackersenf, einem vielerorts
vorkommenden Unkraut. Der Hederich ist stark glänzend, der
Sommerrübsen mattschimmernd. Beim Sommerrübsen sehen
wir eine rinnenförmige Narbe, der Hederich ist dagegen glatt=
rund; Rübsen läßt sich mit dem Daumen leicht zerdrücken;
Hederich ist härter, springt weg. Sommerrübsen schmeckt nuß=
artig, Hederich beißend und bitter.

Wer Rübsen kauft, versuche ihn, rieche daran. Am feuchten
Orte aufbewahrt, bilden sich leicht Schimmelpilze, die einen
muffigen, abstoßenden Geruch geben; das Futter ist dann ver=
dorben und unbrauchbar. Wer sich ein größeres Quantum
Rübsen zulegt, bewahrt dieses an einem luftigen Orte auf und
möglichst so, daß es frei liegt und öfters umgeschüttelt werden
kann, damit Staubteile verfliegen und schädliche Pilze nicht
aufkommen können.

Das Waschen des Rübsens ist nicht immer notwendig,
besonders wenn der Rübsen nicht ausgetrocknet ist. Einjähriger
Rübsen ist weich und milde; er bedarf keiner Auffrischung.
Gelagerte Körner trocknen im Laufe der Jahre aus, sie erhärten
und bedürfen vor der Fütterung eines kurzen Anquellens. Zu
diesem Zwecke nehme man kaltes Wasser — heißes Wasser
möchte ich nicht empfehlen — und schütte das tägliche Quantum
hinein. Nach etwa fünf Minuten bringe man die eingeweichte
Masse in ein Haarsieb unter beständigem Begießen mit reinem

Waffer. Wo Wasserleitung vorhanden, lasse man den Strahl des Wassers durch das Sieb mit Samen gehen. Dadurch wird die dem Rübsen anhaftende gefährliche Unreinlichkeit weggespült. Das Trocknen geschieht am schnellsten im Haarsieb, das man etwas schräg stellt. Jungen Rübsen braucht man nicht einzuweichen. Zur Heckzeit empfehle ich folgendes von mir ausprobiertes Verfahren; unter das Eifutter menge man gewaschenen Rübsen. Kein Körnchen bleibt übrig, falls der Rübsen mild und gut ist. Die Jungen werden so mit Rübsen reichlich gefüttert und wenn sie selbständig zu fressen beginnen, nehmen sie mit Vorliebe den Rübsen ein.

Obgleich nun der gute Rübsen so bekömmlich ist, so machen wir im allgemeinen die Erfahrung, daß ihn die Vögel oft dem anderen Futter nicht vorziehen. Wer von uns Menschen will sich mit Wasser und Brot allein zufrieden geben? Ist uns die Wahl zwischen verschiedenen Leckerspeisen gelassen, so greifen wir gewiß zu allerletzt nach dem Brot. Ebenso macht es auch unser Kanarienvogel.

Ein wohlschmeckendes Kernchen enthält der K a n a r i e n = s a m e n, im Züchtermunde „Glanz" genannt. Die mattgelbe glänzende Schale ist leicht löslich, der nußartig schmeckende Inhalt derselben leicht verdaulich. Manche Züchter füttern nur Rübsen und Glanz und behaupten, daß bei diesem Futter die Vögel nicht krank werden, d. h. keine Verdauungsstörungen bekommen. Ich pflichte dem bei, doch möchte ich warnen, die Hähne allzureich mit Glanz zu füttern, da die Vögel hitzig werden und ihre Strophen in scharfen Klängen oft überlaut vortragen. Kanariensamen darf nur in geruchlosem Zustande gegeben werden. Futter, das von Mäusen und Katzen verunreinigt worden ist, wirkt geradezu vergiftend.

Der g e s c h ä l t e H a f e r enthält mehlige Substanzen, die von dem Magen leicht verarbeitet und in den Gedärmen gut aufgenommen werden. Bei Durchfall leistet er oft heilende Dienste. Man sehe beim Kauf darauf, daß er nicht anders als mehlig riecht. Schimmel= und wurmstichige Ware weise man zurück. Ich habe auch den Versuch gemacht, statt der großen Haferkörner „Hafergrütze" zu verabreichen. Verschiedene Erkrankungen meiner Vögel machten mich stutzig und ich gab die Hafergrützenfütterung wieder auf. Das gesunde ganze Korn kann ich jederzeit untersuchen, aber Hafergrütze? — wer weiß, was da alles zusammengebrochen und vermengt worden ist! Ich ziehe deshalb die ganze Haferfütterung vor.

Die drei angeführten Futtersorten bilden die Hauptnahrung der Kanarien. Ein weiteres Futter ist der Hanf. In grauer Schale liegt das ausgereifte, fettreiche, nahrhafte und süßlich schmeckende Kernchen. Sein Genuß ist mageren Vögeln zweckdienlich und kraftbringend; wohlgenährte Vögel werden leicht fett und dann faul im Gesange. In kleinen Mengen, die Schale etwas zerdrückt, kann man den Hähnen Hanf auftischen, für die er gesangsanregend wirkt. Den Weibchen gebe man über Winter diesen Samen reichlich, besonders wenn sie kalt sitzen. Hanf erzeugt Kraft, Fettansatz und Wärme. Auch zur Heckzeit darf man kleine Mengen täglich zur Atzung einstellen.

Leinsamen füttere ich nie. Seine abführende Wirkung empfiehlt seine Fütterung bei Verstopfung, doch stehen uns ja andere Mittel zur Verfügung, welche die an Freßlust und Kraftmangel leidenden Vögel bequemer und leichter einnehmen können.

Salatsamen ist ein teueres Futter. Er kann leicht entbehrt werden. Seine Bestandteile sind ölhaltig und wirken auf die Verdauung abführend. Die Heiserkeit beseitigende Wirkung dieses Samens kann ich nicht bestätigen, obwohl ich in früheren Jahren bei heiseren Vögeln meine Hoffnung auf Salatsamen setzte, leider aber ohne Erfolg.

Die hartschalige Hirse mit ihrem mehlreichen Stärkegehalt ist zur Ernährung des Vogels nicht nötig. Wird sie aber gefüttert, so sollte sie zuerst in Milch oder Wasser geweicht werden. Unter Mischfutter vermengt, wirft sie der Vogel weg.

Der blaue Mohnsamen ist ein fast nie versagendes Mittel bei Durchfall unserer Kanarien. Diese Krankheit erzeugt in den Gedärmen der Vögel krampfartiges, von Schmerzen begleitetes Drücken. Das kleine Ölkernchen des Mohnsamens lindert und beseitigt diese Schmerzen; eine Zeitlang verfüttert, reguliert es die Magen= und Darmtätigkeit und bringt den Verdauungsapparat wieder in sein normales Gleise. Dabei ist das Kernchen sehr nahrhaft und fettbildend. Bei gesunder Verfassung des Vogels kann es entbehrt werden. Ich betrachte diesen Samen nur als ein vorbeugendes und heilendes Arzneimittel, das man ab und zu dem Eifutter beimengen sollte.

Außer dem Körnerfutter erhalten unsere Kanarien eiweiß= und fetthaltige Hühnereier, vermengt mit verschiedenen Stoffen, enthaltend Kohlenhydrate, Fett, phosphorsauren Kalk, Zucker, Eisenteile, Salze u. dergl. Es ist darauf zu achten, daß das Hühnerei gut, frisch und nicht schon in zersetztem, faulem Zu= stande gerieben wird. Solch ein giftiges Futter ist sehr gefähr= lich. Es ist ja ärgerlich, wenn man ein teures Ei gekauft hat und findet es beim Gebrauche verdorben. Man werfe es aber doch lieber weg. Das hartgesottene Hühnerei reibe man auf einem feinen Reibeisen oder drücke es durch eine Eierspritze und menge dem Gereibsel Zwieback, Weckmehl oder gut aus= getrocknetes Weißbrot bei. Schwarzbrot ist wegen seiner schweren Verdaulichkeit und seines großen Hefezusatzes nicht zu empfehlen. Man feuchte die hartgetrockneten Beigaben nicht an, sondern zerdrücke sie mit dem Ei, sodaß beide Teile innig sich vereinen. Die Feuchtigkeit des Eies ist vollkommen hin= reichend. Die geknetete Masse wird nun auf einem Hackbrett mit einem Messer fein durchgehäckelt, bis eine feinflockige Masse vor uns liegt. — Als Beigabe zum Ei eignen sich auch die verschiedenen Hafermehle (Knorr, Nestle etc.). Sie enthalten viele wichtige Nährsalze und Mineralstoffe, die dem Aufbau des Vogelkörpers vorteilhaft zugute kommen, doch dürfte dieses Mehl als Vogelfutter etwas teuer sein; aber was tut man nicht, um seine Vögel gesund und stark zu erhalten. Feiner Gries ist auch eine nahrhafte Beigabe, doch soll er nicht allein zur Mischung verwendet werden, da sonst die zu verfütternde Masse zu schwer verdaulich wird.

Die Zubereitung des Eifutters erfordert eine große Auf= merksamkeit und auch Zeit, deshalb füttern manche Züchter das sogenannte Eibiskuit, ein aus verschiedenen Substanzen zusammengestelltes Gebäck, das als Ersatz für Eifutter dienen soll. Wir haben sehr viele und sehr gute solcher Präparate im Handel. Wer mit Eierbrot oder Biskuit füttern will, der probiere und gewöhne seine Vögel im Herbste schon an dieses Futter. Eifutter ist am billigsten, erfordert allerdings auch mehr Arbeit bei der Zubereitung. Das Anfeuchten des Biskuits ist eine Sache, die man ausprobieren muß. Ist zu wenig Wasser dabei, so reizt das Futter nicht zur Aufnahme; ist zu viel Wasser dabei, so führt das Futter ab. Wer Eierbiskuit füttert, achte darauf, daß es nicht gar zu alt ist; auch schaue man nicht auf Billigkeit, denn soll das Biskuit vollwertig sein, so kann es bei den heutigen teueren Verhältnissen nicht billig sein, oder aber — es ist minderwertig.

Auch geräucherter Speck wird unsern Kanarien ge= reicht. Er liefert hauptsächlich Fett und Salze, die dem Vogel= körper namentlich zur Winterzeit — Fett erzeugt Wärme — sehr gut bekommen. Notwendig ist die Speckfütterung nicht. Weitere Futtermittel stehen uns in dem sogenannten „Grünfutter", der Vogelmiere, auch Gänsekraut genannt, zur Verfügung. Diese Pflanze ist ein überall, besonders in Kartoffeläckern wachsendes Unkraut; ferner die zarten Blätter des Löwenzahns, die weichen Herzblätter des Kopf= salats, Spinatblätter, die halbreifen Fruchtstengel vom Breit= wegerich. Alle diese Pflanzen enthalten blutreinigende, knochenbildende Eiweiß=, Kaseïn=, Fett= und Blutfaserstoffe. Be= sonders eisenhaltig ist der Spinat, dessen Blätter gemahlen als Blattpulver im Handel erscheinen (Vegetabilin); reich an eisen= haltigen Nährsalzen ist das Blatt des Löwenzahns. Man mag über die Grünfütterung denken, wie man will, das eine steht fest: Die mäßige Verabreichung dieser Stoffe ist dem Wachstum der Vögel durch seine den Stoffwechsel fördernde Wirkung sehr zweckdienlich und bei Verstopfungen ein vorzügliches, Erfrischung bringendes Abführmittel. Unvernünftige Darbietung dieser Futterstoffe in zu großer Menge, in halbwelkem, gefrorenem, gährendem, ungereinigtem Zustande, kann dem Vogel sehr schädlich sein und zu Ruhr, Darmfäulnis, Durchfall u. dgl. führen.

Auch süße Früchte, wie Äpfel, Feigen und Datteln werden von unsern Kanarien gern gefressen. Birnen führen gar zu sehr ab. Zucker und sonstige Leckereien sind zur Er= nährung der Vögel nicht notwendig.

Einen sehr wichtigen Bestandteil in der Ernährung bilden die Salze, genannt Nährsalze. Obwohl unsere Pflanzen, Körner und die sonstigen Futtermittel diese eminent wichtigen Nährsalze in gewissen Mengen enthalten, so sollen nach viel= fachen Angaben Sachverständiger unsere Gewächse heutzutage nährsalzarm sein. Als Ursache wird die übermäßige Ausnützung des Bodens durch allzugroße Wegnahme von Nährsalzen und ungenügende Zufuhr Nährsalz enthaltender und bildender Stoffe bezeichnet. Unter dieser Nährsalzarmut des Bodens muß dann auch die demselben entstammende Frucht, also auch das Tier, das diese Frucht genießt, leiden. Unter dieser Voraussetzung

ist man bestrebt, dem Futter Nährsalze zuzuführen. So kann
man z. B. dem Eifutter Nährsalze beimengen, doch nicht zuviel,
da sonst starke Abfuhr des Darminhalts zu befürchten ist.
Also Vorsicht!

Versuche mit Ameiseneiern habe ich noch nicht an=
gestellt; doch sollen auch sie zur Fütterung sehr empfehlenswert
sein. Herr Dr. Wolf=Maikammer schrieb mir gelegentlich
einmal: Mit Ameiseneiern, Heidelbeeren, gesalzenem Speck und
Spinatfütterung fliegen die Jungen nach 14 Tagen aus.

Endlich geben wir unsern Vögeln erdige Bestandteile von
Ossa sepiae und Sand. Die Aufnahme beider Stoffe er=
folgt leidenschaftlich gern. Um die Kalkschalen streiten sich die
Vögel förmlich. Sie picken feine Teilchen ab und leiten sie
in den Magen, wo sie beim Zerkleinern des Mageninhalts
mitwirken. Außerdem werden die in ihnen enthaltenen feder=
und knochenbildenden Substanzen ins Blut aufgenommen und
dem Körper zugeführt. Dasselbe ist vom Sand zu sagen. Ich
denke hierbei aber nur an den reinen, trockenen, feinen Fluß=
sand (Rheinsand z. B.). Der rote oder weiße Sand aus Sand=
steinbrüchen ist nicht zu empfehlen, da er meist einen muffigen
Geruch hat und daher die Verdauung nicht fördern kann.

Auch das Trinkwasser gehört zu den Nahrungsstoffen,
die täglich frisch gegeben werden müssen. Abgekochtes und
wieder erkaltetes Wasser ist dem Magen sehr zuträglich. Eis=
kaltes Wasser, besonders im Winter verabreicht, kann des
Vogels Tod sein.

Wenn wir nun die Speisekarte für unsere Kanarien rück=
blickend überschauen, so müssen wir eingestehen, daß sie eine
recht reichhaltige und mannigfaltige sein kann. Wir sind in
der Lage, dem Vogel gleichgute Futterstoffe bieten zu können,
die ihm in der Freiheit zur kraftvollen Entwickelung seines
Körpers zur Verfügung stehen, wenn wir dann auch weiterhin
bemüht sind, für reine Luft, Licht und nötige Wärme Sorge
zu tragen.

## Eine zweckmäßige Einrichtung.

A—B, ein Längsstab von 2 cm Dicke im Quadrat, trägt
die festen Zapfen D (10 cm Länge, 2 cm Dicke im Quadrat.)
Im ersten und letzten Zapfen sind zwei Holzschrauben mit
Ringen (G) eingeschraubt, durch welche die Sitzstange E—F

gesteckt wird. Die beiden Haken C dienen zum Aufhängen der Einrichtung und die Spitze H verhindert durch ihre Befestigung in der Heckrückwand das Schaukeln der Sitzstange.

Die Zapfen D stehen 5 cm voneinander entfernt.

Durch diese Einrichtung wird großen Übelständen abgeholfen. Die Unsitte mancher Weibchen, an dem Gefieder ihrer Nachbarn herumzubeißen und Federn auszurupfen wird dadurch abgestellt. Das Gefieder bleibt glatt und schlank; es gibt keine Blut-

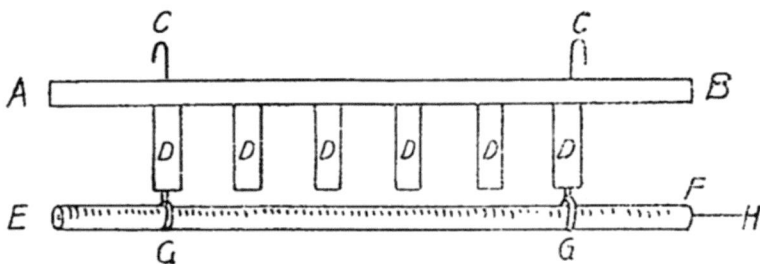

verluste und der Körper wird nicht zu außergewöhnlicher Zeit zur Federbildung genötigt, kann also seine Stoffe zum Aufbau anderer Körperteile und zur Aufspeicherung von Kraft verwenden. Die Vögel, namentlich die Weibchen, kommen leichter und rascher durch die Mauser, weil die Beißerei eingeschränkt und jedes ruhebedürftige Weibchen, auch das kränkliche, ein stilles Plätzchen findet.

Auch in der Flughecke der Hähne ist diese Einrichtung wertvoll. Außer den bereits angeführten Vorteilen, bietet sie dem Gesang übenden Junghahn ein Plätzchen, auf dem er von Altersgenossen nicht gestört wird. Der Junghahn gewöhnt sich dadurch an längere Übungen und kann dem Vortrag des Vorsängers aufmerksamer lauschen.

Diese Vorteile empfehlen die Einrichtung, die sich jeder Züchter selbst machen kann.

---

## III. Legeorgane.

Eierstock und Eileiter sind die Organe der Weibchen zur Fortpflanzung. Der Eierstock hat das Aussehen eines „Traubenklotzes" und besteht bei fortpflanzungsfähigen Weibchen aus einer Anzahl ungleich entwickelter, beerchenförmiger Eidotter, von denen zu einem Gelege periodisch drei, vier, fünf seltener sechs Stück abgestoßen werden. Wissenschaftliche Untersuchungen haben festgestellt, daß bei ausgewachsenen Weibchen die Eierstöcke zu beiden Seiten der Wirbelsäule liegen. Merkwürdigerweise ist jener auf der rechten Seite mehr oder weniger verkümmert, so daß für die Fortpflanzung eigentlich nur der linksseitige Eierstock vollkommen leistungsfähig bleibt.

Der Eileiter, eine darmartige Röhre, erweitert sich zur Paarungszeit und verstärkt sich in seinen häutigen Wandungen. Er liegt auf der linken Seite der Bauchhöhle, schließt unmittelbar mit dem oberen (inneren), trichterartig erweiterten Ende an den Eierstock an. Ist eine Dotterkugel in den Eileiter gelangt, so wird sie hier von vielen konzentrischen Schichten von Eiweiß eingehüllt, welches aus den vielen Eiweißdrüsen der faltenreichen Wandungen ausgeschieden wird. Auf seiner Wanderung gelangt nun das Ei in den unteren Teil des Eileiters, den schlaffwandigen Eihalter. Hier erhält das Ei Schalenhaut und Schale.

### Das Ei.

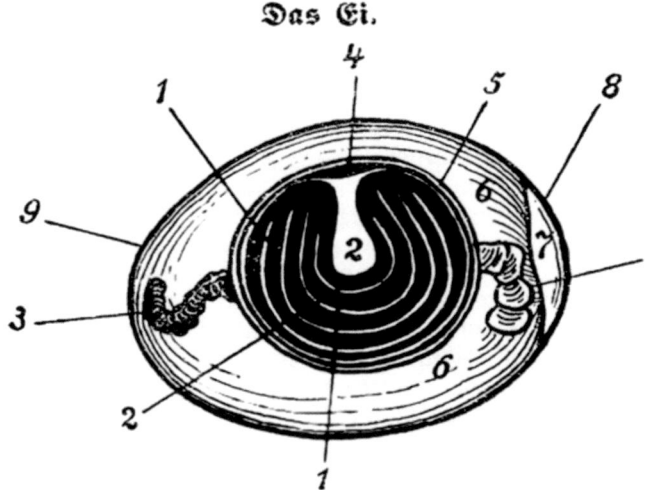

Längsschnitt durch ein unbebrütetes Ei.
(Nach Allen Thomson-Balfour aus Claus-Grobben.)

1 gelber Dotter, 2 weißer Dotter, 3 Hagelschnüre, 4 Keimscheibe, 5 äußere Dotterhaut, 6 Eiweiß, 7 Luftkammer, 8 Schalenhaut, 9 Schale.

Wie die Abbildung zeigt, ist das Ei eine wunderbar zusammengesetzte Masse. Die Dotterkugel bildet die Eizelle. In dem Eigelb liegen dünne Schichten weißlichen Eidotters, der in der Mitte breiter und dicker wird und wie ein kolbenförmiger Zapfen in den Mittelpunkt hineinreicht. Über diesem weißen Dotter liegt die Keimscheibe mit dem Kern, auch Hahnentritt genannt. Mit dem Augenblick der Befruchtung, welche am Eierstock stattfindet, beginnt schon die Umwandlung zur Keimscheibe, so daß man den männlichen Begattungsstoff in der Keimscheibe nicht mehr unterscheiden kann. Das Eiweiß liegt in drei Schichten über dem Dotter und ist nach dem spitzen Ende kegelförmig zugespitzt nach dem dicken Ende des Eies kegelförmig und abgestumpft. Die beiden Hagelschnüre sind die Fortsetzung der inneren Eiweißschicht. In der Mitte liegt eine dichte Eiweißschicht von milchiger Beschaffenheit und trüber Farbe. Die äußere Eiweißschicht ist sehr flüssig. Über diesem Eiweiß liegt eine doppelte Schalenhaut mit vielen verzweigten Fasern. Am stumpfen Ende teilt sich die Schalenhaut und bildet eine linsenförmige Luftkammer.

Die Wandungsdrüsen des Eihalters sondern eine zähflüssige, Kalk, Eisen und Schwefel enthaltende Masse ab, welche sich um die Schalenhaut lagert und zur harten Eierschale erstarrt. Das poröse Gefüge der Eischale gestattet den Zutritt der äußeren Luft zum atmenden Lebewesen (Embryo) im Ei. Eine Verstopfung der Poren bringt dem Embryo den Erstickungstod. Die Eischale ist an den Längsseiten am dünnsten, wird gegen das stumpfe Ende dicker und hat beim spitzen Ende ihre größte Stärke. Die Farbe der Eierschalen ist verschieden und sollen nach „Kruckenberg" zwei Stoffe die Farben bilden: Eirot und Eiblau. Beide können einzeln oder vermischt bei einer Eierschale auftreten. Beim normalen Verlaufe des Eierlegens kommt das Ei mit dem stumpfen Ende zuerst aus dem Eileiter heraus.

Schalenlose Eier entstehen durch Mangel an kalkhaltigen Stoffen oder durch Erkrankungen der im Eileiter liegenden, die Schalenmassen absondernden Wandungsdrüsen.

### Die Entwickelung des Embryo im Ei.

Die Entwickelung der Eifrucht bedingt eine Wärme von 37,5—40° C., die von der Brust des Weibchens erzeugt wird. Durch die Befruchtung hat sich die erste Verwandlung in der

Keimscheibe vollzogen. Durch die Wärmewirkung findet sie ihre Fortsetzung und entsteht zunächst ein Blutgefäßzentrum, das Herz des Lebewesens; alsdann bilden sich Kopf, Augen, Wirbelsäule, Unterleib, Magen, Gedärme, Hirngefäße, Schnabel, Flügeln, Füße, Leber. Natürlich sind die Körperteile im Anfangsstadium noch sehr unvollkommen und entwickeln sich durch fortgesetzte Neubildung und Umbildung von Zellen im Laufe der Bebrütung, wozu die im Ei enthaltenen Bildungs= und Nahrungsstoffe verbraucht werden. Durch die hohe Wärme verliert die Eischale an Festigkeit und wenn das neue Geschöpf vollkommen ausgewachsen ist, sprengt es die Hülle.

## Klare Gelege.

Im unbefruchteten Ei entwickelt sich kein Lebewesen und man nennt solche Eier klare oder Schiereier. Die Ursachen für klare Gelege sind in verschiedenen äußeren und inneren Umständen der Zuchttiere usw. zu suchen und zwar in:

1. allzustarker Abneigung des einen oder andern Teiles (das Weibchen läßt sich trotz aller Anstrengungen des Hahnes nicht begatten oder der Hahn begattet das Weibchen nicht; diese zwei Möglichkeiten treffen meist beim ersten Gelege zu);

2. ungenügender Flugfertigkeit oder übermäßiger Erregung des Hahnes;

3. zu kaltem Heckraume, wodurch die Lebensfähigkeit und Beweglichkeit des männlichen Samens vorzeitigst (vielleicht schon bei der Einspritzung) erstirbt;

4. allzustarker Befiederung der Weibchen um die Kloake (After) herum, wodurch der männliche Samen nicht weit genug eingeführt werden kann;

5. vorausgegangener dauernd schwacher Fütterung (Unterernährung, Verkümmerung des Eierstockes oder in plötzlich einsetzender Überfütterung vor Heckbeginn);

6. ungenügender Heckreife des Hahnes;

7. allzuenger Beschaffenheit des Eileiters, wodurch der männliche Samen nicht zum Eidotter gelangen konnte;

8. Zeugungsunfähigkeit beim Hahn und Empfängnislosigkeit beim Weibchen (Degeneration, Inzuchtsprodukte).

## Das Absterben der Jungen im Ei.

Einen Stillstand in der Entwickelung des Embryo bildet dessen Absterben im Ei. Die Ursachen dafür können teils in äußeren Einflüssen liegen, teils auf innere Mängel zurückgeführt werden.

1. Heftige Erschütterungen zerreißen die feinen Blutgefäße, der Embryo stirbt ab.

2. Beschädigte Stellen (Eindrücke, Risse oder Löcher) an der Eierschale bewirken ein rasches Ausdünsten und Verhärten des Ei=Inhaltes, wodurch der Embryo wegen Nahrungs= mangel abstirbt.

3. Unreine, mit Kot beschmutzte Eier verhindern der Luft= austausch, der Embryo erstickt.

4. Schwüle, unreine, verbrauchte Luft ist arm an Sauerstoff, dem Lebensstoffe des Embryo, er stirbt ab.

5. Bei allzuniedriger Temperatur im Heckzimmer erkalten die warmen Eier während der Futteraufnahme des Weib= chens rasch, die Entwickelung des Embryo wird verzögert und hört allmählich auf.

6. Längeres Fernbleiben des Weibchens vom Nest (z. B. über Nacht) bringt den Embryo zum Erkalten und Absterben.

7. Lässig brütende Weibchen erzeugen keine dauernde, ge= nügende Brutwärme, die Entwickelung schreitet abnorm langsam voran und stellt sich früher oder später ganz ein.

8. Die schwache Keimfähigkeit bringt eine langsame Ent= wickelung. Der Embryo stirbt mangels genügender Lebens= energie ab.

9. Der Mangel an genügendem Nahrungsstoff im Ei bringt den fast vollständig entwickelten Embryo in Gefahr.

10. Ungenügend vorgebildeter Nahrungsstoff reicht zu dauern= der, normaler Entwickelung des Embryo nicht aus, er stirbt ab.

## Verkrüppelungen.

Verkrüppelungen der Beine, Füße, Flügel, Wirbelsäule und des Brustbeines sind Erscheinungen, die bei den jungen Kana= rien als Nesthocker auftreten. Die Ursachen sind in äußeren und inneren Umständen zu suchen.

Äußere Ursachen:

1. Verwickelungen der Jungen mit ihren Beinchen in allzulang geschnittener Charpie:

2. Verwickelungen und Verdrehungen der Beine, hervor-
gerufen durch ein vom Züchter schlecht erneuertes Nest.
In seinem Bestreben, dem frischen Neste eine gute Rundung, passende Tiefe und Glätte zu geben, dreht sich das
Weibchen oftmals im Kreise und verwickelt so die Jungen
in die Fäden. Werden die Jungen nicht rechtzeitig aus
ihren „Fesseln" befreit, dann verkrüppeln die Beine und
Zehen, d. h. sie werden je nach dem Grade der Fesselung
krumm und krümmer.

3. In einer zu flachen Nestmulde sitzt das Weibchen zu fest
auf den Jungen und erdrückt die Hüftgelenke, so daß
sich Unterschenkel und Füßchen nach oben richten und
in dieser Richtung verwachsen.

4. Ist die Nestmulde zu weit und mit nur 1—2 Jungen
besetzt, so spreizen diese ihre Beinchen weit auseinander.
Sie haben keinen Widerhalt an den Nestwänden, können
dem Drucke von oben durch die Mutter keinen Widerstand entgegen stellen. Das auf dem Nestboden flach
aufliegende Brustbein wird eingedrückt, wobei gleichzeitig
auch die Beine nach oben und außen verkrüppeln. Man
verenge und vertiefe das Nest und lege ein Schierei als
Schutzmittel gegen Druck und als Stütze für die Jungen ein.

5. Die Nestmulde ist zuweilen zu eng für 4—5 Jungen;
die Beine werden einwärts gedrückt, nicht selten tritt eine
Rückgratsverkrümmung ein. Eine Erweiterung der Nestmulde ist in diesem Falle notwendig.

6. Oft überrascht man ein Weibchen gleich nach der Atzung,
zu welcher Zeit die Jungen auch entleeren. Das Weibchen
drückt sich schnell auf die Jungen, welche in diesem Augenblick ihre Beine hochgestellt haben, und knickt so die
weichen Oberschenkel, welche dann verkrüppeln.

7. Zu frühes oder ungeschicktes Anlegen der Fußringe können
auch die Ursache von Beinverkrüppelungen sein.

Als innere Ursachen von Gliederverkrüppelungen kommt
Unterernährung der Zuchtweibchen als Folge fortgesetzt be-
triebener Inzucht oder schwacher ungenügender Fütterung in

Betracht. Die Schwächen vererben sich und äußern sich in Ent=
zündungen der Hüftgelenke, die anfänglich rot, später weiß=gelblich
(eiterig) unterlaufen sind. Die Entwickelung und Kräftigung
der Beine ist schmerzhaft gestört, der Oberkörper wird schwerer,
die Beinchen bleiben schwach, sie entkräften und verkrüppeln.
Vererbte Unterernährung kann durch Zugabe kalkhaltiger
Stoffe, wie kohlensaurer und phosphorsaurer Kalk, Vegetabilin
(Spinatpulver), einigermaßen ausgeglichen werden. Ossa sepia
fehle nie.

Krüppel groß zu ziehen, lohnt sich nicht; denn krüppelhafte
Weibchen taugen nichts zur Fortzucht und krüppelhafte Hähne
sind weder zu hecken, noch zu verkaufen. Krüppel tötet man
am besten.

---

# IV. Allerlei Krankheiten und ihre Heilung.

Pfleg' mich gut und halt' mich rein,
So werd' ich dir immer recht dankbar sein!

Trotz aller Sorgsamkeit und zweckmäßiger Pflege kann
ein Kanarienvogel auch einmal krank werden.

Je nach dem Grade der Erkrankung ist eine Heilung von
mehr oder weniger Erfolg. Die Krankheiten erstrecken sich im
allgemeinen auf Störungen innerer Organe und auf Stellen
und Glieder am äußeren Körper.

Innere Krankheiten finden wir am häufigsten bei den
Verdauungs= und Atmungsorganen.

---

## I. Innere Krankheiten.

### Krankheiten der Verdauungsorgane.

Nachstehende Abbildung gibt einen Blick auf die Ver=
dauungsorgane, die bei einer Erkrankung am Hinterleib des
Vogels merklich sichtbar hervortreten; beim gesunden Vogel ist
jedoch vom Leibesinnern äußerlich nichts zu sehen.

Bei jeder Krankheit muß aus den Äußerungen des Er=
krankten die Ursache ergründet und dementsprechend das Heil=
mittel angewendet werden.

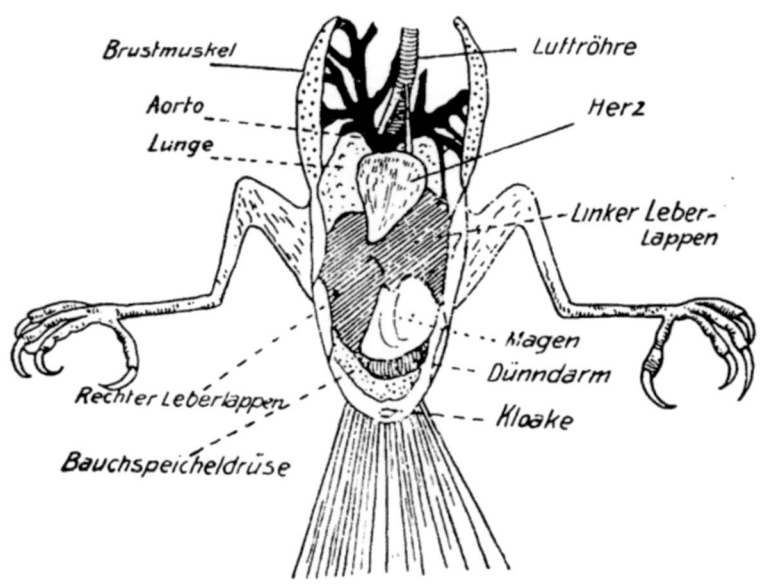

## Der Durchfall.

Krankheitserscheinungen: Schleimige, wässerige, weiß=
liche, gelbgrüne, oftmalige Entleerung; klebrige Afterfedern,
entzündeter After, roter Streifen auf dem Hinterleib, herab=
hängende Flügel, schläfrige Haltung, trüber Blick, Ab=
neigung gegen Rübsen, Schroten des Rübsens.

Ursachen: Schlechtes Körnerfutter, zu nasses Ei= oder Biskuit=
futter, übermäßiger Genuß von Süßfrüchten und Grün=
futter, kaltes Trinkwasser, Erkältung.

Heilmittel: Schwarzer Kaffee statt des Trinkwassers — ab=
gekochtes Trinkwasser — Mischfutter — blauer Mohn —
Entziehung von Ei= oder Biskuitfutter.

Homöopatie*): Bei Fehlern in der Futter= und Wasser=
aufnahme Arsenik; bei Erkältungen Chamomilla; bei
Farbenwechsel des Kotes Pulsatilla.

## Typhoid.

Typhoid ist als Kanarienseuche die gefährlichste aller Krank=
heiten, weil sie oft die Bestände der Züchtereien vernichtet.

Krankheitserscheinungen: Kot: flüssig, weiß, kalk=
artig, mit Blut vermischt und unangenehm riechend; Ent=
leerung: schmerzhaft unter beständigem Wippen; Unter=
leib: stark aufgetrieben und rot entzündet; Verhalten:
Fieber, Aufbauschen des Gefieders und Schläfrigkeit, große
Mattigkeit, Aufsperren des Schnabels und Hervorstrecken
der Zunge, trotz Neigung zur Futteraufnahme starke Ab=
magerung (spitze Brust).

Ursachen: Schlechtes Futter, kaltes Trink= oder Badewasser,
zuviel Grünfutter, Unreinlichkeit im Käfig, Einschleppung
und Ansteckung.

Heilmittel: Absonderung des Erkrankten, Glanz und Hafer,
blauer Mohn, abgekochtes Trinkwasser, schwarzer Kaffee,
Reinlichkeit.

Homöopathie: Akonit gegen Fieber — morgens Nux vomica,
mittags Arsenik=Sulfur.

## Brand, Ruhr, Unterleibsentzündung.

Diese Krankheiten haben ihren Sitz in den Schleimhäuten
der Gedärme und äußern sich in starken Entzündungen der
Darmschleimhäute, sowie Darmfäulnis.

Krankheitserscheinungen: Kot: schwärzlich=grün bis
schwarz, wässerig und trocken, bei der Entleerung
Wippen mit dem After; Unterleib: rot aufgedunsen und

---

*) Die homöopathischen Arzneimittel können in der „Homöopathi=
schen Zentral=Apotheke" Leipzig, Inh. Dr. Willmar Schwabe, in Streu=
kugelpotenzen bezogen werden (die Kanarienapotheke). Man löse jedes=
mal 3 Kügelchen in einem Wasergläschen des Vogelbauers und setze
das Wasser zweimal täglich erneut vor. Gebrauchsanweisung liegt der
Kanarienapotheke bei.

glänzend; Verhalten: Mattigkeit, schlaftrunken (steckt den Kopf stets unter die Flügel), Appetitlosigkeit, Wühlen im Futter ohne Futteraufnahme.

Ursachen: Unverdauliches, schlechtes Futter, vernachlässigte Fütterung, wodurch die Schleimhäute der Darmkanäle entzündet werden und in Fäulnis übergehen, Erkältung.

Heilmittel: Absonderung des Kranken — Entziehung von Rübsen — Verabreichung von Hafer-, Glanz- und Mohnfütterung — Temperatur von $+ 25^0$ C. — 5—6 Tropfen Rhabarber ins abgekochte Trinkwasser, in heißem Wasser aufgelöste und wieder erkaltete Hafergrütze statt Trinkwasser — Kakao — schwarzer Kaffee.

Homöopathie: Akonit gegen Fieber, Nux vomica in verdünntem Haferschleim, darauf in halbtägigem Wechsel Merkur und Arsenik in Haferschleim aufgelöst. Sulfur, wenn die Krankheit sich gebessert hat.

## Freßsucht.

Krankheitserscheinungen: Kot: große, weiche, grauschwarze „Würstchen"; Entleerung: langsam; Unterleib: meist entzündet, nicht so stark aufgetrieben; Verhalten: fortgesetztes Fressen und Picken im Futternapfe, Schroten des Rübsens, Mattigkeit, Herabhängen der Flügel, aufgebauschtes Gefieder, spitze Brust und Abmagerung.

Ursachen: Schlechtes Futter, übermäßiger Genuß von Eifutter und Biskuit, Unterernährung als Nestling, erbliche Belastung, Überhandnehmen der Milben, zu frühes Wegnehmen der noch unselbständigen Jungen von der Mutter.

Heilmittel: Semmel in Milch aufgeweicht, als Ersatz für Eifutter — Hafer, Glanz und gequetschter Hanf — Entziehung von Rübsen — Milbenbekämpfung.

Homöopathie: Nux vomica in täglichem Wechsel mit Sulfur.

## Verstopfung.

Krankheitserscheinungen: Kot: trocken; Entleerung: schwierig und langsam, häufiger Drang zur Entleerung mit nur teilweiser Ausscheidung, Wippen mit dem Hinterleib. Unterleib: nicht immer angeschwollen; Verhalten: Aufbauschen des Gefieders, Appetitlosigkeit, Trägheit.

Ursachen: Genuß öl= und fettarmer, alter ausgedörrter Körner, Mangel an Weichfutter, zuviel Mohnsamen.

Heilmittel: reifer Apfel — Salat — Spinat — in Rizinus= öl angefettete Rübsenkörner.

Homöopathie: Nux vomica und Sulfur.

### Schweißsucht.

Krankheitserscheinungen: Schweißsucht ist eine Ver= dauungsstörung, welche die Weibchen während der Auf= zucht der Jungen befällt. Sie tragen den wässerigen Kot nicht vom Neste, beschmutzen beim Bedecken der Jungen ihr eigenes Kleid und auch die Flaumhaare der Nestlinge. Diese beiderseitige Beklebung führte zu der irrtümlichen Annahme, als würden die Vögel schwitzen.

Ursachen: Erkältung, verdorbenes Futter (saueres oder zu nasses Eifutter), übermäßiger Eifuttergenuß.

Heilmittel: Gutes Futter, viel Mohn und Trinkwasser, Salz= wasserbad des Weibchens, Nesterneuerung — Verteilung der Jungen in andere Nester und Ruhe für das Weibchen.

Homöopathie: Bei Erkältung Chamomilla, bei Futterfehler Pulsatilla.

———

# Krankheiten der Atmungsorgane.

## Heiserkeit.

Krankheitserscheinungen: Die Heiserkeit kann plötzlich oder allmählich eintreten und ebenso rasch oder überhaupt nicht mehr verschwinden. Der schwache, mühevolle, un= klare Gesang, strengt die erkrankten Stimmorgane so an, daß sie mit der Zeit nicht mehr tonerzeugungsfähig sind. Husten, Schnabelaufsperren mit Schluckbewegungen deuten auf das Vorhandensein von Kehlkopfwürmern.

Ursachen: Entweder vorübergehende Heiserkeit, infolge an= strengenden Singens, Erkältung durch Zugluft, Wasser oder Temperaturwechsel, (akute Heiserkeit), oder Ansteckung durch Spaltpilze, erbliche Belastung, Kehlkopfmißbildung (Kehlkopfschwäche), Kehlkopfwürmer, (chronische Heiserkeit).

Heilmittel: 1. Bei vorübergehender Heiserkeit: weißer Kandiszucker oder Honig in Kamillentee aufgelöst, Aufenthalt in dampffreichem Raume (Küche). 2. Bei chronischer Heiserkeit: Pfefferminztee in abgekochtem Trinkwasser, Holzessigdämpfe, Teerdämpfe.

Homöopathie: Phosphor in täglichem Wechsel mit Belladonna. Chronische Heiserkeit ist meist unheilbar.

### Luftröhrenkatarrh und Schnupfen.

Krankheitserscheinung: Schmatzen, rasches Atmen, Fieber, Husten, Nießen, schleimiger Nasenausfluß.

Ursachen: Zugluft, Erkältung durch Trinkwasser, Temperaturwechsel, schlechte Luft.

Heilmittel: Wärme, Einatmen von Wasserdämpfen, Nasenlöcher mit Salzwasser reinigen.

Homöopathie: Akonit gegen Fieber, Bryonia bei Atemnot, Phosphor beim Röcheln, Belledonna beim Schmatzen und Husten; bei Schnupfen Pulsatilla in täglichem Wechsel mit Sulfur oder Akonit in täglichem Wechsel mit Merkur oder Pulsatilla.

### Diphtheritis (Kropp).

Sehr gefährlich, weil ansteckend und epidemisch auftretend.

Krankheitserscheinungen: Atemnot, schweres Atmen mit Öffnen und Schließen des Schnabels; Schleimabsonderungen aus Nase und Schnabel beim Husten, Niesen oder Kopfschütteln, Kot: wässerig, fieberhaftes Aufbauschen, Schüttelfrost, trübe Augen, matte Bewegungen.

Ursachen: Zugluft, Ansteckung durch Spaltpilze, Temperaturwechsel.

Heilmittel: Absonderung des Vogels von den andern, Verbrennung des Kotes, Brühen des Käfigs in heißem Wasser, Auspinselung der Nasen- und Rachenhöhlung mit lauem Salzwasser, Teerdämpfe.

Homöopathie: Akonit mit Merkur in halbtäglichem Wechsel.

## Schwindsucht.

Kehlkopfschwindsucht und Lungenschwindsucht sind einer erfolgreichen Behandlung nicht wert. Abgesehen von dem aussichtslosen Erfolge durch allerlei Heilmittel dem Kranken Linderung zu bringen, ist die Ansteckungsgefahr sehr groß. Schwindsüchtige töte man. Starker Husten, Heiserkeit, Schmatzen, hastiges kurzes Atmen mit pfeifendem Röcheln, Abmagerung bei hastiger Freßsucht, spitze Brust sind die Symptome der Schwindsucht.

## Lungenentzündung.

Krankheitserscheinung: Schmatzen, Keuchen, Atembehinderung, Fieber, Schnabelsperre, Futterabneigung.

Ursache: Erkältung durch Temperaturwechsel, Trink- oder Badewasser.

Heilmittel: Feuchte Wärme (in der Küche), frische Luft, abgekochtes Wasser und Kamillentee, Wasserdämpfe.

Homöopathie: In täglichem Wechsel Akonit mit Phosphor.

## Blutarmut.

Krankheitserscheinungen: blasse Beinfarbe, weißblasses Gefieder, matter Blick, dünne Beine, abzehrendes Aussehen.

Ursache: Erbliche Belastung, spärliche Aufzucht, fortgesetzte Inzucht, schwache unzweckmäßige Fütterung, kalte Räume, viele Milben.

Heilmittel: Kräftige Kost, frische Luft, Sonne und Wasser zum Baden.

Homöopathie: Pulsatilla im Wechsel mit Akonit.

## Epilepsie oder Fallsucht.

Krankheitserscheinungen: Der Fallsüchtige bekommt Anfälle, er fällt auf den Boden, schlägt mit den Flügeln, zuckt mit den Beinen, verdreht Kopf und Hals nach allen Richtungen und zittert mit den Beinen.

Ursachen: Schrecken, Aufregung, Blutarmut, erbliche Belastung.

Heilmittel: Guter Stuhlgang, Ruhe und Schonung.

Homöopathie: Zinkum im Wechsel mit Belladonna.

## Fettsucht.

Krankheitserscheinungen: Einstellung des Gesanges, gelbe Fettansätze an Brust, Rücken und Hinterleib, Trägheit.

Ursache: Fettreiches Futter (Hanf), geringe Bewegung.

Heilmittel: Verabreichung von Rübsen und etwas Glanz. Einsatz in einen großen Flugkäfig.

Homöopathie: Nux vomica.

## Leberkrankheit.

Krankheitserscheinungen: Hervortreten der Leber als dunkelbraune Masse unterhalb des Brustbeines gegen den Bauch (Leberanschwellung, Leberfleck).

Ursachen: Fette Futterstoffe, unzweckmäßiger Käfig.

Heilmittel: Viel Glanz und Hafer, wenig Rübsen.

Homöopathie: Nux vomica mit Sulfur oder Bryonia im Wechsel täglich.

## Legenot.

Krankheitserscheinungen: Kann das Weibchen sein Ei am Morgen nicht legen, so sitzt es mit aufgebauschtem Gefieder bald am Nestrand, bald am Boden tiefatmend im Legefieber. Der dicke Unterleib ist angerötet. Je länger dieser Zustand andauert, desto matter wird das Weibchen, so daß es sich zuletzt ruhig in die Hand nehmen läßt.

Ursachen: Schwäche, unzulängliche Beschaffenheit des Eihalters, Entzündung des letzteren, nicht genügende Wärme im Heckraum, Verdauungsstörung und Schwäche des Weibchens, dessen Jugend, schalenloses Ei, ein allzugroßes Ei.

Heilmittel: 1. Als Vorbeugemittel kommen in Anwendung: Gute Fütterung über Winter, Verabreichung von Kalkstoffen, genügende Wärme.

2. Als Heilmittel dienen: Erhöhte Wärme im Heckraum, heiße Wasserdämpfe auf die Kloake, laues Bad, Einführung von Öl in die Kloake und ein langsames Herausschieben des Eies, wobei der Züchter am besten mit dem stumpfen Haarnadelende die Kloake durch kreis-

förmiges Herumdrehen erweitert. Das Ei ist dann vom Öl zu reinigen, weil die Poren durch das Öl verstopft sind. Das entbundene Weibchen wird auf das Nest gesetzt.

Homöopathie: Dem Trinkwasser können drei Körnchen Akonit gegen Fieber beigegeben werden.

## II. Äußerliche Krankheiten.

1. Entzündungen und Anschwellungen der Zehen infolge von Unreinlichkeit oder unzweckmäßigen Sitz= stangen.

2. Eiterige Geschwüre und eiterige Ansammlungen an den Beinen heilt man durch gutes Reinigen in lauem Wasser und Auswaschen mit Arnikatinktur (Mischung 1:50).

3. Beinbrüche, bzw. Knickungen heilt man auf fol= gende Weise: Man bringt das gebrochene Bein in die richtige Stellung und umwickelt es zweimal mit Heft= pflaster. Dann klebt man ein Schienchen aus Rohr oder Federkiel auf einen bereitgehaltenen Heftpflasterstreifen, legt diesen auf die äußere Seite des Beines und umwickelt ihn mit dem Bein. Nach acht Tagen löst man den Verband in warmen Wasser ab und erneuert ihn noch= mals. Nach weiteren 14 Tagen kann man die Schienchen weglassen und man umwickelt das Beinchen noch eine zeitlang mit Heftpflaster.

4. Der Federausfall am Kopfe und im Genick zu einer außergewöhnlichen Zeit (nicht zur Mauserzeit) kann durch Hautmilben verursacht sein, die unter der Haut die Federspulen zerstören. Es empfiehlt sich, die kahlen Stellen mit Provance=Öl stückweise zu überpinseln und täglich wieder gründlich abzuwaschen. Ist die kahle Stelle auf unvollendete Mauser oder Mangel an Kalkstoffen zurück= zuführen, so tut eine kräftige Fütterung und starke Zu= gabe von Kalk gute Wirkung.

5. Erkrankungen der Bürzeldrüse sind auf Erkäl= tungen oder Verdauungsstörungen zurückzuführen. Die angeschwollene Drüse enthält eine eiterige Flüssigkeit,

welche bei entsprechender Reife mit einem scharfen Messerchen
geöffnet und mit Arnikatinktur (Mischung 1:50) aus=
gewaschen werden soll.

Schlußwort: Der Kanarienzüchter ist der Arzt für seine
Vögel. Die Errungenschaften auf dem Gebiete der Arznei= und
Krankenkunde muß er sich zu Nutzen machen. Ich habe in
vorstehendem in Kürze die häufigsten Krankheiten in ihrem
Auftreten, ihrer Wirkung und Heilbehandlung angeführt. Was
ich nicht aus eigenen Erfahrungen erlebt, habe ich aus orni=
thologischen und homöopathischen Schriften ergänzt und sie im
Interesse des Ganzen und einer gesunden Entwickelung unserer
Liebhaberei hier eingefügt.

---

# Kanarienhandel.

Im Jahre 1478 wurden die Kanarischen Inseln im atlanti=
schen Ozean, nahe an der Westküste von Afrika gelegen, von
den Spaniern erobert. Dort fanden sie einen neuen Vogel
vor, den sie Canario nannten. Sie nahmen ihn mit in ihre
Heimat, züchteten und zähmten ihn in Käfigen. Als Stuben=
genosse sehr beliebt wurde er allenthalben sehr begehrt und es
entwickelte sich bald ein reger Handel mit Kanarien. Um die
Mitte des 16. Jahrhunderts kamen sie dann auch durch Zufall
nach Italien. In der Nähe der Insel Elba strandete ein Schiff
mit wilden Kanarien; sie siedelten sich auf Elba und später in
Italien an. Der Exporthandel der Italiener ging hauptsächlich
nach Tyrol und Deutschland, wo die Tierchen im Harz bis in
die letzten 40 Jahre fast ausschließlich gezüchtet wurden (Harzer
Roller). Während in England, Holland, Belgien und Frank=
reich die Kanarien mehr nach Gestalt= und Farbenvariationen
ausgezüchtet wurden, schenkten die deutschen Züchter ihre Auf=
merksamkeit mehr dem Gesange. Die Nachfrage nach hervor=
ragenden Sängern ist heutzutage eine sehr große, sodaß edle
Gesangskanarien ein sehr gesuchter Handelsartikel geworden sind.

Nach allen Himmelsrichtungen werden sie verschickt; Men=
schen, Züchter treten miteinander in Verkehr, die sich in ihrem
Leben vielleicht nie gesehen und kennen gelernt haben, vielleicht
auch niemals persönlich miteinander bekannt werden.

Oft geht das Geschäft für beide Teile befriedigend aus, oft geraten aber auch Käufer und Verkäufer sich so tüchtig „in die Haare", daß sie nur das Gericht noch trennen kann. Bedauerliche Vorkommnisse, haarsträubende Handlungen, nichtige Kleinigkeiten, Unkenntnis des Käufers sind oft die Ursachen langer Gerichtsverhandlungen, unter denen unser schöner Sport sicherlich leidet.

Wir wollen bemüht sein, das Ansehen der Kanarienzucht zu heben; ob es mit uns sinkt, ob es mit uns sich hebt, liegt nur an uns selbst. Suchen wir durch Aufklärung, durch gegenseitige Achtung und einwandfreies Handeln, durch gutes Einvernehmen unsere edlen Ziele zu erreichen.

Bei jeder Gelegenheit müssen wir zeigen, daß wir nicht nur Kanarienvögel erziehen können, sondern auch daß wir selbst eine gute Erziehung und Bildung besitzen. Eine solche Gelegenheit bietet sich z. B. im Kanarienhandel. Da könnte manches noch besser sein. Wie dem gedient werden könnte, das möchte ich nun in nachfolgendem andeuten.

Goldene Regeln — reelle Grundsätze — für den Ver = käufer:

1. Preise nie etwas an, das du nicht besitzest. Hast du keine „sichere" Preisholer, so preise solche nicht an.

2. Offeriere nicht „Vögel ohne Fehler", denn solche gibt es nicht; Tourenarmut ist auch ein Fehler.

3. Renommiere nicht mit deinen vielen errungenen Preisen und Medaillen, die du vor X=Jahren erhalten.

4. Lasse Anerkennungsschreiben bei deinen Inseraten in der Fachpresse weg. Bediene vielmehr deine Abnehmer gut.

5. Bezeichne deine Vögel nicht nach Personennamen, sondern nach ihren Hauptgesangs= oder Stammtouren, welche sie auch wirklich im Liede bringen.

6. Sei bei Gewährung von Probezeit nicht so knapp. Willst du deine Abnehmer ehrenhaft bedienen, so darfst du bei der Rücksendung nicht geschäftsmäßig mit Stunden und Minuten rechnen. Solcher Geschäftskniffe bedient sich ein nobeler Verkäufer nicht. Kommt der zur Probe gesandte Vogel auch einmal einen Tag später in deinen Besitz zurück, als vorher ausbedungen, so nehme ihn noch an. Schon manches arme Tierchen mußte dadurch sein Leben lassen, weil sein Erzieher eitlen Gewinnes wegen seine Wiederannahme verweigerte.

Durch die Verweigerung der Annahme erweckst du den Schein,
den Kauflustigen übervorteilt und den Vogel gern fortgeschafft
zu haben.

7. Hast du einen Probevogel bei einem Abnehmer stehen,
so antworte diesem umgehend, wenn er dir schreibt. Viele
Klagen erheben die Käufer gerade in diesem Punkte, weil die
Verkäufer, nachdem sie auf dem „Nachnahme"-Wege das Geld
bereits erhalten haben, überhaupt keine Antwort geben und
den Termin zur Rücksendung vor der Antwort verstreichen lassen.

8. Wird dir ein Vogel zum Umtausch zurückgeschickt, so
sende einen besseren. Hast du keinen besseren Vogel, so schicke
das Geld wenn du solches erhoben hast, anstandslos zurück.
„Umtausch gestattet, oder Betrag zurück" — ein Mann, ein Wort!

9. Behalte erhobenes Nachnahmegeld, falls das Geschäft
nicht zustande kam, nicht unrechtmäßig länger in deinen Händen,
als es dein gutes Gewissen dir erlaubt. Es ist schon vorgekommen, daß Verkäufer das Geld unter dem Vorwande, der
Vogel sei unwohl angekommen, zu ihrer Sicherstellung einst-
weilen zurückbehielten. Darüber verstreichen Wochen und
Monate und dem armen Käufer wird sein mühsam zusammen-
gespartes Geld vorenthalten. Es ist ihm auch noch nebenbei
die Möglichkeit genommen, sich sonstwo einen Vogel zu kaufen.

10. Ertrage von dem Käufer eine gesunde, ehrliche Kritik
über deine Vögel.

11. Schicke nicht mehr Vögel als verlangt werden, es sei
denn, daß eine Auswahlsendung erwünscht wäre.

12. Bringe deinem Abnehmer Vertrauen entgegen. Wittere
nicht in jedem Kanarienzüchter einen Spitzbuben. Sende auch
„ohne Nachnahme" Vögel ab, wenn dir der Abnehmer gute
Bürgschaft und Sicherheit anbietet.

13. Versende nie kranke Vögel.

14. Stelle die Geldpreise für deine Vögel ihrem gesanglichen Werte entsprechend. Verlange nicht z. B. 40 M. für einen
Vogel, wenn er nur 20 M. wert ist. Hast du keinen Vogel mit den
begehrten Touren in der verlangten Preislage, so sende lieber nichts.

15. Hat dich ein Käufer geschädigt, so sende ihm nichts mehr.

Im Interesse eines reellen Kanariengeschäftes dürfte der
Käufer sich folgende Richtlinien merken:

1. Verlange nie etwas vom Verkäufer, das dieser nicht
besitzt. Vor allem verlange keinen Vogel „ohne Fehler",

Vögel, die du vielleicht in deiner Phantasie dir vorstellst, die es aber in Wirklichkeit nicht gibt.

2. Hast du einen guten Vogel erhalten, so erkenne die guten (Touren) im Liede an. Nörgle nicht so sehr an kleinen Fehlerchen und denke: Jeder Mensch, auch der beste, hat Fehler und der könnte sie doch sicher, da er Vernunft und freien Willen besitzt, lassen. Auch fürs Kanarienlied gilt der alte Spruch: „Keine Rosen ohne Dornen!"

3. Lerne die Annoncen richtig verstehen. Glaube doch nicht, daß alle in einem Inserate angepriesenen Touren ein Vogel in seinem Liede vereinigt, in Wirklichkeit hat ein Vogel, auch der beste, z. B. eine oder zwei Hauptouren, Glanztouren genannt, die übrigen sind Begleittouren und verschiedener Qualität.

4. Verlange vom Verkäufer nicht besondere Garantien für diesen oder jenen Preis, diese oder jene Punktzahl. Sei doch vernünftig! Die Erringung von Preisen hängt ja von so vielen wichtigen Umständen ab, für die der Verkäufer doch unmöglich garantieren kann.

5. Mißbrauche das dir geschenkte Vertrauen nicht. Hier kommen oft die größten Verstöße vor. Während der Probe= zeit Vögel ohne Wissen des Eigentümers auszustellen, ist ebenso verwerflich, als sie in die Hecke zu nehmen.

6. Behandle dir anvertraute Vögel mit doppelter Sorgfalt.

7. Behalte die zur Probe gesandten Vögel nicht länger, als du dazu die Erlaubnis hast, gefällt dir der Vogel nicht, so sende ihn rechtzeitig an den Eigentümer zurück, der von der Rücksendung natürlich zuvor verständigt werden muß.

Hat der Vogel in der Probefrist nicht durchgesungen, so erbitte dir Verlängerung der Probezeit. Das Fehlen der Rückantwort ist kein Grund, den Vogel über die Probezeit hinaus zu behalten.

8. Lege jeder Anfrage das Rückporto bei.

9. Zeige dich deinem Verkäufer gegenüber nobel und ver= meide jede Beleidigung bei der Kritik des Gesanges.

10. Hast du „ohne Nachnahme" Vögel bekommen, so sende den Betrag, falls du zufrieden gestellt bist, umgehend, spätestens aber am letzten Probetage ein.

Käufer und Verkäufer kommen wohl am besten mit= einander aus, wenn sie nach dem Sprichwort handeln:

Was du nicht willst, das man dir tu',

Das füg' auch keinem andern zu!

# Kanarienverkauf.

Der Kaufpreis für Kanarien richtet sich hauptsächlich nach der Qualität. Diese bestimmt beim Gesangskanarienvogel der Gesang. Außer der Gesangesgüte sind auch noch andere Faktoren beim Verkaufspreis zu berechnen, wie z. B. die Auslagen an Futter, Beheizung, Zimmermiete u. dgl. Diese vom Liebhaberzüchter bisher weniger beachteten Gesichtspunkte dürfen nicht außer Berechnung bleiben, sie bilden die Grundlage der Kauf- und Preisbestimmung eines jeden Vogels, sie geben uns den niedrigen Wert an. Wollen wir einmal nachstehend diese Kaufpreisgrenze suchen.

Angenommen ich kaufe 4 Hähne      à 25 M. = 100 M.
„      „      8 Weibchen à  5 M. =  40 M.

Somit der Gesamtkostenpreis der 12 Vögel = 140 M.

Rechne ich auf jedes Weibchen im Durchschnitt 3 Jungen, so erhalte ich in 3 Bruten $3 \times 3 \times 8 = 72$ Jungen pro Jahr.

Nun berechne ich meine Auslagen:

1. Futter:                                                        Mark

1 Vogel frißt täglich 15 g Mischfutter, also monatlich etwa 1 Pfund (natürlich das im Käfig zerstreute, unbrauchbare Futter mitgerechnet). 1 Pfund Mischfutter kostet 25 Pf., d. i. in ¼ Jahr $3 \times 25$ Pf. = 0,75
Auf 20 Vögel rechnet man 1 großes Hühnerei à 10 Pf.; die Zutaten an Zwieback, geriebener Semmel kommen auf 5 Pf. 20 Vögel fressen also pro Tag für 15 Pf. Eifutter, d. i. pro Vogel und Tag ¾ Pf.; in ¼ Jahr — also bis zur Selbständigkeit — braucht 1 Vogel Eifutter für $90 \times {}^{3}/_{4}$ Pf. . . . . . = 0,68

Futterauslagen für ¼ Jahr = 1,43

2. Sonstige Auslagen:

a) Für Beheizung mit Brikett in den Monaten Februar, März, April, Mai. Täglich 6 Stück Brikett; auf 1 Zentner gehen 100 Stück, also reicht 1 Zentner zirka 16 Tage = ½ Monat, pro Monat 2 Zentner à 1,30 = 2,60 M., in den 4 Monaten = 10,40 M.

Für 10,40 M. wird die Heckstube mit 72 jungen und 12 alten Vögeln erwärmt; sohin treffen auf 1 Vogel 10,40 : 84 = rund — unter Einrechnung des Anfeuerholzes in $^1/_4$ Jahr — . . . . . . 0,13

b) Für Zimmermiete (1 Mansarde) pro Jahr 50 M. Das ergibt pro Vogel 50 M. : 84 = 0,60 M. pro Jahr, pro $^1/_4$ Jahr . . . . . . . . . 0,15

c) Für Abnützung: ich nehme den Wert einer 8 teiligen Einzelhecke aus Draht an zu 60 M. Pro Jahr 5 % Abnützung = 3 M. Auf 84 Vögel verteilt, kommen auf einen Vogel zirka . . . . 0,04

d) Tilgung der Anschaffungskosten für die Zuchttiere. Rechne ich für die 12 alten Zucht= vögel ein Lebensalter von durchschnittlich 5 Jahren, so treffen (140 : 5 =) 28 M. auf 1 Jahr. Die 72 Jungtiere müssen mir die 28 M. einbringen, somit kommt auf 1 Vogel 28 M. : 72 = 39 Pf. Die Zinsen von 140 M. zu 4 % = 5,60 M., auf 72 Vögel erteilt, ergibt pro Vogel 5,60 M. : 72 = zirka 8 Pf.

Tilgung und Zins belaufen sich auf 39 + 8 = 0,47 **Demnach stellt sich 1 junger Vogel in $^1/_4$ Jahr auf 1,43 + 0,13 + 0,15 + 0,04 + 0,47 = 2,22**

Mag man dieser Berechnung in manchen Punkten z. B. bei den sonstigen Auslagen, einige Bedingungen mit „wenn — dann" entgegenstellen, immerhin aber ist sie „im großen ganzen" richtig. Jedes einzelne Vögelchen wird uns auf 2 Mark und etliche Pfennige zu stehen kommen, wenn wir es $^1/_4$ Jahr lang füttern. Nach $^1/_2$ Jahr können wir eigentlich unter 4,46 M. kein Weibchen abgeben, wollen wir nicht selbst Schaden leiden. Wer seine Weibchen um 40 Pf. pro Stück verkauft, mag züchten wie er will, er kann nicht auf seine Rechnung kommen. Die viele Mühe, Arbeit und Sorge des Züchters — wer kennt sie nicht? — findet dabei keine Entlohnung. Nun wäre noch die Qualität des Weibchens hinsichtlich seines Zuchtwertes, seiner Hecktüchtigkeit und seiner Abstammung in Wertansatz zu bringen, und welcher Wert wäre dafür einzusetzen? Eine gutfütternde Mutter erstklassiger Abstammung ist goldeswert. Wer würde in Anbetracht dieser Aufstellung und Voraussetzung den Preis für ein erstklassiges Zuchtweibchen zu 5 M. als hoch finden? Selbst wenn wir die besonderen Auslagen ganz fallen lassen, berechnet sich ein Weibchen auf 2,88 M. in ½ Jahr — also auf zirka 3 M. Der Händler, der nur 40 Pf. gibt pro Stück, macht ein weit besseres Geschäft als der Züchter, der sich in banger Sorge um die Aufzucht abmüht. Ziehe daraus jeder Züchter seine Lehre! Geben die Züchter nicht mehr ihre Weibchen unter dem Selbstkostenpreis ab, dann wird auch der Händler mehr zahlen müssen, und das wäre ein Vorteil für beide Teile, denn im allgemeinen dürfte das Publikum dann bessere Preise zahlen als bisher und die Kanarienzucht käme auch mehr zu Ansehen. Gewöhnlich pflegt man zu sagen: was nichts kostet, ist auch nichts. Ist ein gutes Weibchen edelster Herkunft wirklich nichts? Wer schon mit Pech in der Zucht bedacht war, nur der weiß ein gutes Weibchen richtig einzuschätzen.

Nun kämen die Junghähne an die Reihe. Die Futterkosten 2c. stehen auch für jeden auf 2,23 M. bis zur Selbstständigkeit. Wer seine Junghähne nach erlangter Selbständigkeit unausgebildet abgibt, à Stück zu 2,50 M., wird seine Rechnung auch kaum finden. Nehmen wir an, er verkauft sofort 200 Stück, so verdient er vielleicht am Hundert 27 M., das macht also $2 \times 27 = 54$ M. Ich brauche es nicht näher auszuführen, was ein solch großer Zuchtbetrieb, der die Abgabe von 200 Junghähnen gestattet, für Opfer an Zeit und Mühe erfordert. Eine solche Zucht kann kaum im Nebenamt geführt werden und steht der Verdienst keinesfalls auch nur annähernd im Verhältnis zur Arbeit. Im Hauptberuf ernährt sie nicht ihren Mann. Gehen die Züchter einmal allen Ernstes daran, die unterste Kaufpreisgrenze festzusetzen, so wird es auch für den ganzen Sport besser. Mit Rücksicht auf die dem Händler in Aussicht stehende, bessere Verkaufsmöglichkeit der Hähne dürfte ein Zuschlag von 2 M. zum Selbstkostenpreis wohl durchaus gerechtfertigt erscheinen. Sohin hätte der kaufende Händler für einen jungen, gesunden, unausgebildeten Kanarienhahn 4,50—5 M. zu zahlen. Behält der Züchter seine Junghähne, und bildet sie 8—9 Monate im Gesange aus, so entstehen ihm etwa $3 \times 2,23$ M. $= 6,69$ M. an Auslagen. Zieht der Züchter die Anschaffung kleiner Gesangskäfige, Gesangsregale, Reparaturen in seine Berechnung, so darf er ruhig 7 M. für einen gesangsfertigen Junghahn rechnen, gleichviel ob er gut oder schlecht singt.

Haben wir auf diese Weise die unterste Kaufpreisgrenze gefunden, so müssen wir auf dieser je nach Gesangsleistung die Preise aufbauen. Legen wir die Gesangsleistung dem Ver= kaufswert zugrunde, so wäre vielleicht folgende Stufung zu beachten:

1. Stufe: 7 bis 10 M. Ausschußhähne und geringere Sänger mit leichten, höheren Touren.

2. „ 10 „ 25 „ Mittelvögel, das sind ganz an= nehmbare Sänger mit guten Mitteltouren, mehr oder weniger stark auftretenden Fehlern.

3. „ 25 M. und höher Preisvögel mit einer oder meh= reren sehr guten Haupttouren, mehreren Mitteltouren und ge= nügenden Touren, mit fast keinen oder nur geringen, leichten Feh= lern. Diese dritte Stufe ist für den Edelzüchter die wichtigste.

Hähne der 1. Stufe werden vom Exporteur gekauft, der mit allem zufrieden ist, was er billig erhalten kann. Ein Schappervogel frißt soviel wie ein Edelsänger, deshalb dürfte auch er unter 7 M. nicht verkauft werden. Wie es aber oft im Kampfe ums Dasein geht, sehen sich manche Züchter auch zuweilen genötigt, „der Not gehorchend", ihre Vögel einem Exporteur um jeden Preis abzutreten. Der Exporteur ist darum nur sehr niedrige Preise gewöhnt, und darunter leidet der Ver= kaufspreis auch für bessere Vögel.

Die Mittelvögel, das sind III. und II. Preisvögel mit angenehmen Touren in mittleren und höheren Lagen, fleißige Sänger, die zur Belebung der stillen Häuslichkeit im trauten Heime des Gesangsfreundes gastliche Aufnahme und sorgfältigste Pflege finden. Auch Händler kaufen diese Vögel gerne, zahlen jedoch niedrige Preise, immerhin aber mehr als Exporteure. Die Kanarienzüchter werden diese Vögel wohl am besten unter ihrem Bekanntenkreise verkaufen können, da sie dabei am meisten verdienen.

Der Sportszüchter zahlt jeden Preis für erstklassige Sänger, wenn sie seinem Geschmacke zusagen und seinen Anforderungen, die manchmal gar zu hoch gestellt werden, entsprechen. Der

Sportszüchter fragt nach der Abstammung des Hahnes, nach seinen Anlagen, nach der Vererbung. Er kauft auch nicht blindlings Vögel, sondern läßt sie sich zur Ansicht und Probe senden, er prüft und wägt, was er damit für die Zukunft erwarten kann. „Nur das Beste ist ihm gerade gut genug." Bei der Veranlagung schaut er vor allem auf die Fähigkeit, die der Vogel im Tiefsingen bekundet, weil er weiß, daß aus Tiefsängern noch etwas herauszuzüchten ist, rascher und leichter als aus Mittelsängern. Darum ist die Nachfrage nach erstpreisigen Vögeln bei den Sportszüchtern eine recht große, und mancher hat oft große Sorge, bis er zur Blutauffrischung oder gänzlichen Neuanlage eines Stammes das ihm Zusagende gefunden hat. Im allgemeinen begutachtet man folgende Werte:

Für 25—30 M. Sänger von 61—70 Punkten,
„ 30—40 „ „ „ 71—80 „ ,
über 40 „ „ mit mehr als 80 „ .

Hähne, die mehr als 80 Punkte sich ersingen, steigen von da an ganz gewaltig im Kaufpreise, weil sie einmal schwer zu züchten sind und zum Zweiten von ihrem Züchter selten käuflich erworben werden können. Wer darum im Besitze eines tiefen Stammes ist, trachte darnach, durch verständnisvolle Paarung selbst vorwärts zu kommen. Langsam, aber sicher! Es ist Tatsache, daß in der Kanarienzucht oft Gutes einbüßt, wer Besseres sucht.

Habe ich in meinen bisherigen Ausführungen ganz sachliche Haltepunkte aufgesucht, nach denen im allgemeinen die Verkaufspreise für Gesangskanarien aufgestellt werden könnten, so lag es mir doch vollständig ferne, mit meinen Darlegungen sogenannte Preistreiberei zu veranlassen. Die meisten Sportszüchter sind durch die Kanarienzucht noch nicht reich geworden, ich glaube, das darf ich wohl behaupten, wenn auch manche Züchter durch Verkauf ihrer überzähligen Zuchttiere sich einen kleinen Nebenerwerb sicherten, der ihnen erlaubt, ab und zu eine größere Kanarienausstellung zu besuchen und ihnen die Mittel in die Hand gibt, das für ihre Liebhaberei Nötige zu kaufen. Endlich verweise ich auf die ungemein hohe Steigerung verschiedener Futterartikel, aller Lebensmittel und Lebensverhältnisse, die gerade unsere Kanarienzüchter zum größten Teile trifft, und ich lasse die Beantwortung der Frage offen, ob nicht auch eine Steigerung der Verkaufspreise für unsere Kanariensänger, soweit sie sich auf geringere und gute Mittelvögel bezieht, am Platze wäre.

Der Versand unserer Kanarien erfolgt fast durchgehends mit der Post und per Eilboten. Die Adresse muß die Aufschrift tragen: „Wenn nicht angenommen, sofort zurück!" Es kommt nicht selten vor, daß Käufer und Verkäufer nicht handelseinig werden, die Vögel werden z. B. ohne Einverständnis des eines Teiles einfach retourniert, dort wird die Annahme verweigert; nun stünden diese armen Tierchen im Packraum der Postverwaltung; diese hätte die Umstände, die Vögel gingen ein und die Post wollte man haftbar machen. Um allen Schererein vorzubeugen, ist deshalb die Bestimmung — Wenn nicht angenommen, sofort zurück — getroffen worden und sie ist ganz gut.

Vogelsendungen „können" zur Beförderung innerhalb des deutschen Reiches von allen Postanstalten angenommen werden. Eine Verpflichtung zur Annahme besteht aber „nicht". Diese postalische Bestimmung ist wohl wenigen Kanarienzüchtern bekannt. Ebenso die folgende: „Auch im Falle der Annahme von solchen Sendungen findet Ersatzleistung für Beschädigungen oder Verluste, welche durch die Natur des Inhalts oder durch die Beschaffenheit der Verpackung entstanden sind, nicht statt.

Die Pakete können als einfache, als eingeschriebene und als Wertpakete aufgegeben werden. Die Postverwaltung leistet dem Absender im Falle postordnungmäßig erfolgter Einlieferung Ersatz:

für den Verlust und die Beschädigung

1. der Pakete mit Wertangabe: den erlittenen Schaden bis zur Höhe des angegebenen und nachzuweisenden Wertes;

2. der Pakete ohne Wertangabe: den erlittenen Schaden, jedoch höchstens 3 Mark für jedes $\frac{1}{2}$ kg.

Für einen durch verzögerte Beförderung oder Bestellung entstandenen Schaden der Vögel leistet die Postverwaltung nur dann Ersatz, wenn nachgewiesen wird, daß der Schaden nur durch diese Verzögerung entstanden ist. — Diesen Nachweis zu bringen, ist sehr schwer.

Der Anspruch auf Entschädigung an die Postverwaltung erlischt nach Ablauf von 6 Monaten, vom Tage der Einlieferung der Sendung an gerechnet.

Auf Sendungen nach dem Auslande finden diese Bestim=
mungen nur insoweit Anwendung, als die bezüglichen Verträge
nicht abweichende Bestimmungen enthalten.

Sendungen ins Ausland, z. B. nach der Schweiz, Öster=
reich=Ungarn, Holland, Frankreich, England usw., benötigen
einer Auslands=Begleitadresse nebst einer doppelten Zollinhalts=
erklärung. Die Begleitadressen= (Paketadressen), sowie die In=
haltserklärungs=Formulare (Deklarationsformulare) erhält man
am Postschalter billigst ausgehändigt.

Die in kleinen Transportbauern zu verschickenden Vögel
müssen wohl versorgt sein. Die aus starkem Pappdeckel mit
Glasfenstern versehenen Versandkartons sollen oben am Rande
unter dem Deckel kleine Ausschnitte haben, durch welche frische
Luft in den Raum eindringen kann. Diese verdeckte Anbringung
der Luftlöcher gestattet eine Ausdünstung und Luftzufuhr, ohne
daß der Vogel dem Zuge ausgesetzt ist. Dem Transportbauer
nehme man den Boden ab, damit bei evtl. Umstürzen der Vogel
sein Futter am Boden finden kann. In den Wassernapf stecke
man einen Schwamm und gebe an nicht zu kalten Tagen ein
Stückchen Apfel mit auf die Reise. Innerhalb des Deutschen
Reiches dauert die Reise wohl selten länger als drei Tage und
wird bei einigermaßen schonender Behandlung der gesunde
Vogel dieselbe überstehen. Der regste Versand fällt in die
Wintermonate, doch dürften diese noch geeigneter sein als die
heißen Sommermonate.

Bei Ankunft der Vögel sind diese aus den kleinen Bauern
herauszunehmen, in größere Bauer (Normalbauer) zu setzen,
mit Futter und abgekochtem Wasser zu versorgen und an einen
ruhigen Platz zu hängen. Am zweiten Tage darf auch schon
etwas Eifutter zur Erquickung gereicht werden, der Vogel wird
dann sein Können bald zeigen. Je nach der Eigenart desselben
wird er bald in seinem höchsten Glanze seine Lieder vortragen,
oder etwas schüchtern und zaghaft beginnen, im Gesang ab=
brechen usw. Die neue Umgebung bei fremden Sängern, der
Futterwechsel und andere Umstände wirken zuweilen auf manche
Vögel derart ein, daß sie nicht recht singen wollen. Da heißt
es nun, geduldig abwarten, und es wäre ungerecht gehandelt,
wollte man nach den ersten Gesangsübungen die Leistungs=
fähigkeit endgültig beurteilen. Da in der Regel der Verkäufer
Garantie für lebende und gesunde Ankunft leistet, so ist die Er=
krankung auf der Reise bei der Ankunft dem Absender sofort

anzuzeigen. Tot ankommende Vögel sollen dem Absender so=
fort zur Ansicht und Untersuchung eingeschickt werden. Man
tut gut, wenn man in Gegenwart des Postboten die Pack=
schachtel öffnet und sich die tote Ankunft bescheinigen läßt.
Erkranken Tiere im Hause des Empfängers, so ist meines Er=
achtens letzterer haftbar. Während der Probezeit verendete
Tiere sind ebenfalls auf das Konto des Empfängers zu buchen,
wenn dieser es unterläßt, dem Absender sofort Mitteilung, evtl.
über kranke Ankunft, zu machen. Auf alle Fälle müßten dem
Absender die toten Vögel zur Ansicht eingeschickt werden.

Wünsche jedem Züchter einen guten Verkauf seiner Vögel,
damit er seine Rechnung findet, und daran zweifle ich nicht,
wenn jeder die vorstehenden Ausführungen einer eingehenden
Prüfung unterzieht und darnach handelt.

# Die Kanarienausstellungen.

## Zweck.

Die Kanarienausstellungen bezwecken:

1. Der Öffentlichkeit Gelegenheit zu einem Einblick in die
   Liebhaberei der Kanarienzucht zu geben,
2. neue Freunde für die Liebhaberei zu gewinnen,
3. Gelegenheit zum An= und Verkauf guter Vögel zu bieten,
4. die Leistungen der Vögel zu werten,
5. des Züchters Jahresmühen zu belohnen,
6. das Verständnis für gute Vögel anzubahnen und zu
   fördern,
7. eine Schau von guten Zuchtutensilien und Futterartikeln
   zu geben,
8. eine Hebung des Vereinsinteresses,
9. eine Stärkung der Vereinskasse.

## Durchführung.

Zur Veranstaltung einer Ausstellung spielt die Geldfrage
eine Hauptrolle. Für die vielen Ausgaben müssen auch Ein=
nahmequellen geschaffen werden. Letztere aber sind von der
Leistungsfähigkeit der Ausstellungsleitung abhängig, die es

verstehen muß, mit Umsicht und Geschick der Ausstellung interessante Anziehungspunkte zu geben. Da muß die Ausstellung eine prächtige Mannigfaltigkeit aufweisen in verschiedenen Kanarien- und sonstigen Vogelrassen, lebend und präpariert, in Papier- und Grünschmuck, mit reizenden Gruppierungen aller Dinge, die mit der Zucht zusammenhängen. Verlosungen von Vögeln, Schenkungen, Glückshafen besitzen Anziehungskraft. Reklame muß gemacht werden in Zeitungen und Plakaten, numerierte Eintrittskarten müssen in Massen im Vorverkauf verschleißt werden, damit bei schlechtem Wetter der Einnahme-Ausfall nicht allzugroß wird. Um den Vorverkauf der Eintrittskarten zu erleichtern, druckt man noch bei, daß die Eintrittskarte mit daraufgedruckter Nummer zur Teilnahme an den Gratisgeschenken berechtigt. (Muster A.) Auch das muß in den Lokalblättern bekannt gemacht werden. Eine solche Eintrittskarte kann von der Steuerbehörde trotzdem zur Besteuerung herangezogen werden. Deshalb ist es ratsam sich vor Ausgabe nach dem Kostenpunkte zu erkundigen. In Bayern kann eine solche Gratisverschenkung als eine kleine Ausspielung geringwertiger Gegenstände vom Vorsitzenden der Ortspolizeiverwaltung gegen Entrichtung einer geringen Gebühr gestattet werden. Ebenso ist es mit dem Glückshafen.

Muster A:

Viele Vereine verbinden mit der Ausstellung eine große Verlosung von Kanarien, Ziervögeln, Vogelzucht- und Vogelschutzgerätschaften (Nisthöhlen, Futterhäuser, Lehrbücher über Vogelschutz und Kanarienzucht).

Muster B:

Pirmasens, 10. Sept. 1913.

An die
Königliche Regierung
der Pfalz,
Kammer des Innern.

Betreff:
Vogelschutz-Lotterie
(mit 1 Beilage,
Text des Loses).

Der Verein Kanaria Pirmasens, Mitglied des Weltbundes der Kanarienzüchter u. Vogelfreunde, beabsichtigt zugunsten des Vogelschutzes eine Lotterie im Regierungsbezirk der Rheinpfalz zu veranstalten.

Es sollen 4000 Lose à 50 Pf. verkauft und folgende Gegenstände verlost werden:

50 Kanarienhähne   Stuben-
100 Kanarienweibchen vögel als
        Ersatz für unsere nützlichen
        einheimischen Vögel,
300 Nisthöhlen für die Vogelwelt,
100 Futterhäuser zur Winter-
        fütterung
550 Gegenstände im Gesamtwerte von 1673 M.

Die Verlosung findet am 14. Januar 1914 in den Jost'schen Sälen zu Pirmasens unter Aufsicht der Polizeibehörde statt.

Der Überschuß wird vom Vereine in zweckmäßiger Weise nach den Anleitungen der staatl. autorisierten Vogelschutzkommission für Bayern zur Durchführung eines praktischen Schutzes der einheimischen Vogelwelt verwendet.

Indem wir nachstehend den Wortlaut der Lose anführen, bitten wir um Genehmigung der Lotterie.

J. A.: Adam Willmuth,
1. Vorsitzender.

Muster C:

An das

Königliche Rentamt

in . . . . . .
(das zuständige Rentamt wird
durch die Behörde bestimmt.)

Betreff:
Vogelschutz=Lotterie.

Mit 2 Beilagen:
a) amtlich beglaubigte
   Genehmigung in
   Duplikat;
b) die Lose.

Pirmasens, den . . . .

Anliegend gestatte ich mir einer
Kgl. Steuerbehörde 4000 Lose
(à 50 Pf.) der Vogelschutzlotterie
des Vereins Kanaria Pirmasens
zum Abstempeln vorzulegen. Wie
Beilage beweist, ist die Verlosung
durch die zuständige Behörde
genehmigt.

Die Lose werden in der Zeit
vom 15. Oktober 1913 bis
14. Januar 1914 durch die Ver=
einsmitglieder verkauft.

Die 550 Gegenstände kommen
am 14. Januar 1914, nachmittags
4 Uhr, zur Auslosung.

Adam Willmuth,
Kaufmann,
Gärtnerstraße 17.

Vorderseite.

## Kanaria Pirmasens.

# Vogelschuß-Lotterie
## im Regierungsbezirk der Pfalz
Genehmigt durch Regierungs-Entschließung
vom 1. Oktober 1913. Nr. 1257 P.

## Original-Los Nr. ～～～

| | | | |
|---|---|---|---|
| Anzahl der Lose: 4000. | 1 feiner Kanarienhahn mit Luxuskäfig | 50 M. |
| | 1 „ „ „ feinem Käfig | 40 „ |
| | 1 „ „ „ „ | 30 „ |
| Preis des Loses 50 Pfennige. | 2 vorzügliche Edelsänger im Bauer | 40 „ |
| | 3 fleißige Sänger „ „ | 45 „ |
| | 4 sehr schöne Sänger „ „ | 48 „ |
| Ziehung: 14. Januar 1914. | 38 „ „ „ „ | 280 „ |
| | 100 Kanarienweibchen „ „ | 300 „ |
| | 300 Nisthöhlen . . . . . . . . | 240 „ |
| | 100 Futterhäuser . . . . . . . | 600 „ |
| | 550 Gewinne im Gesamtwerte von | 1673 M. |

Rückseite.

# Lotterie- und Gewinn-Plan.

1. Es werden 4000 Lose à 50 Pf. ausgegeben und nach umstehendem Gewinnplan ausgelost. Nichtgezogene Nummern sind Nieten.

2. Die Ausgabe der Lose erfolgt durch Adam Willmuth, Pirmasens, Gärtnerstraße.

3. Die Ziehung findet am 14. Januar 1914 in Pirmasens unter Aufsicht der Polizeibehörde statt. Das Ergebnis wird durch Gewinnlisten bekannt gegeben, zu beziehen zum Preise von 10 Pf.

4. Die Abgabe der Gewinne erfolgt durch Ad. Willmuth.

5. Gewinne, welche bis zum 1. Februar 1914 nicht abgeholt sind, gehen in Eigentum des Vereins über.

Die Verlosung muß natürlich von der Behörde\*) zuerst ge=
nehmigt sein. (Siehe Muster B.) Nach Genehmigung müssen die
Lose unverzüglich, d. h. innerhalb sieben Tagen der Steuer=
behörde\*\*) zur Stempelung übergeben werden. (Siehe Muster C.)
Die Gebühren sind sogleich zu entrichten. Ist Stundung der
Gebühren bis nach Vertrieb der Lose erwünscht, so ist das bei
der Anmeldung gegen Bürgschaft zu beantragen.

## Voranschlag zu einer Kanarienausstellung.

Es empfiehlt sich, eine Gesamtaufstellung über Ausgaben
und etwaige Einnahmen vorher auszukalkulieren und soll in
nachfolgendem ein Muster gegeben werden. (Berechnet nach,
Verhältnissen in einer Stadt mit 40 000 Einwohnern.)

### Ausgaben:

| | | |
|---|---|---:|
| | Lokalmiete mit Beleuchtung . . . . . . . | 40 M. |
| | Feuerung . . . . . . . . . . . . . | 15 „ |
| | Anmeldebogen und Versand . . . . . | 35 „ |
| 2000 | numerierte Eintrittskarten . . . . . . . | 15 „ |
| 3000 | Nieten zum Glückshafen . . . . . . . | 10 „ |
| | Inserate in 3 Fachblättern . . . . . . . | 40 „ |
| | Inserate in 3 Lokalblättern . . . . . . . | 35 „ |
| | Plakate zum Anschlagen . . . . . . . | 25 „ |
| 20 | Hähne zu Geschenken auf Eintrittskarten . . | 140 „ |
| 40 | Weibchen zu gleichem Zweck . . . . . | 40 „ |
| | Arbeitslohn zum Aufstellen der Regale usw. . | 30 „ |
| | Dekoration . . . . . . . . . . . | 30 „ |
| 2 | Preisrichter für 2 Tage à 15 M. und Bahnfahrt | 90 „ |
| | Nummern für die Käfige . . . . . . . | 3 „ |
| | Preisgeld (Ehrenpreise usw.) . . . . . . | 300 „ |
| | Ausstellungskataloge (300 Stück) . . . . | 100 „ |
| | Feuerversicherung . . . . . . . . . | 10 „ |
| | Futterkosten . . . . . . . . . . | 3 „ |
| | Gegenstände und Vögel für Glückshafen . . | 90 „ |
| | Diverse Ausgaben . . . . . . . . . | 30 „ |

Summa 1081 M.

---

\*) Die zuständige Behörde ist die höchste Instanz des Landes= oder
Regierungsbezirkes, in dem der Losverkauf stattfinden soll.
\*\*) Die Steuerbehörde, welcher die Stempelung und Versteuerung
der Lose obliegt, wird von der das Gesuch genehmigenden Behörde bestimmt.

Einnahmen:

2000 Eintrittskarten à 25 Pf. . . . . . 500 M.
3000 Nieten vom Glückshafen à 10 Pf. . 300 „
Standgeld von 40 Stämmen à 8 M. . . 320 „
Inserate im Katalog . . . . . . . 150 „
Katalogverkauf . . . . . . . . . . 20 „

Summa 1270 M.

Einnahmen . . . . . . . 1270 M.
Ausgaben . . . . . . . 1081 „
Überschuß . . . . . . . 189 M.

## Bemerkungen zu den Ausgaben.

1. Die Lokalmiete kann unter Umständen teurer sein, wenn der Verein sein Vereinslokal nicht im gleichen Lokale hat. Man bedenke das bei der Wahl des Vereinslokals.

2. Die Inserate in der Fach= und Lokalpresse können etwas billiger sein, wenn der Text kurz gefaßt ist.

3. Auch die 20 Hähne zum Verschenken können unter Umständen zu einem billigeren Preise angekauft werden.

4. Falls idealgesinnte Züchter und solche, die es sich leisten können, das Aufstellen der Gesangsrücken und Kästen selbst besorgen, kann der Arbeitslohn erspart werden.

5. Die Ausgaben für Preisrichter können sich mindern, wenn die Eisenbahnfahrt nicht so viel kostet, d. h. wenn die Preisrichter ziemlich in der Nähe wohnen oder wenn Preisrichter sich pro Tag 12 M. rechnen.

6. Die Anmeldebogen werden billiger, sobald wir ein einheitliches Ausstellungsprogramm haben.

## Bemerkungen zu den Einnahmen.

1. Der Vorverkauf der Eintrittskarten muß 2 Monate vor der Ausstellung einsetzen und eifrig betrieben werden. Es ist möglich, daß mehr als 2000 Stück abgesetzt werden, dann erhöht sich die Einnahme. Werden weniger als 2000 verkauft, so mindert sich die Einnahme.

2. Bei schlechtem Wetter kann der Besuch der Ausstellung seitens des Publikums ein schwacher sein, dann verringern sich die Einnahmen am Glückshafen. Lebende Gegenstände haben große Anziehungskraft. Man verlost deshalb einige billige Hähne, eine Anzahl Weibchen, Reiß= und andere billige Finkenarten oder Tauben.

3. Das Standgeld bringt bei weniger als 40 Stämmen einen Einnahmeausfall; auch damit muß gerechnet werden; doch dürfte bei 300 M. barem Preisgelde die Beschickung eine gute werden, zumal wenn noch sonstige Ehrenpreise von einzelnen Züchtern gestiftet oder wie bei Weltbundesgruppen=Ausstellungen die wertvollen Weltbundes=Medaillen und Gruppenmeisterschaftspreise zur Konkurrenz gestellt werden.

4. Die Druckkosten der Kataloge sind hoch und müssen durch Inserate von Geschäftsleuten gedeckt werden. Man berechnet pro Seite zu 10 M. Um hier gut abzuschneiden, müssen die Züchter bei den Geschäftsleuten, wo sie selbst Kunde sind, vorsprechen und sie werden sicherlich nicht ohne Auftrag fortgehen. Den Druck gibt man jener Druckerei, die am billigsten ist.

Zur Ausstellungszeit müssen sich Hände und Beine rühren, soll alles gut gelingen. Wer sich nicht bemüht, der wird mit Defizit arbeiten. Zuerst muß aber eine Kostenaufstellung gemacht werden.

Weltbundesgruppen kommen gut aus, wenn sie aus den Mitgliedsbeiträgen zur Gruppe sämtliche Preise für die Selbstzuchtklasse stellen.

### Ein Beispiel:

Die Südwestdeutsche Weltbundgruppe mit 200 Mitgliedern erhebt ¼ jährlich 90 Pf. pro Mitglied.

| | | |
|---|---:|---|
| Die Jahreseinnahmen betragen . | + 720 | M. |
| Davon gehen ab für Weltbund=beitrag . . . . . . . | — 60 | „ |
| für das Bundesorgan . . . . | — 440 | „ *) |
| „ Reisevergütung des Gruppen=ausschusses . . . . . . | — 40 | „ |
| „ Porto . . . . . . . | — 10 | „ |

Es bleiben 720—550 M. = 170 M.

---

*) Durch gemeinsamen Bezug werden hier 360 M. gespart.

Sohin stehen der Gruppe **170 M.** bares Geld für Preise zur Verfügung. Die Gruppenmitglieder zahlen 6 M. Standgeld in dieser Gruppenselbstzuchtklasse. Vom Standgelde fließen 2 M. pro Stamm in die Gruppenkasse für Ehrenpreise. Angenommen, es stehen 20 Stämme in der Klasse, das ergeben $20 \times 2 = 40$ M. Der Gruppe stehen also $170 + 40 = 210$ M. Bargeld zur Verfügung für die Klasse. Davon werden zirka 70 M. für 2 Preisrichter verausgabt und stehen dann noch 140 M. für Preisgeld zur Verfügung. Davon kann man folgende Preise machen:

| | | | | | |
|---|---|---|---|---|---|
| 1. Ehrenpreis | 25 M. | | 6. Ehrenpreis | 12 M. |
| 2. „ | 20 „ | | 7. „ | 10 „ |
| 3. „ | 18 „ | | 8. „ | 9 „ |
| 4. „ | 15 „ | | 9. „ | 9 „ |
| 5. „ | 14 „ | | 10. „ | 8 „ |

zusammen 140 M.

2 große und 1 mittlere Weltbundesmedaille
und Gruppenmeisterschaftspreis, vom Weltbunde gestiftet
(zusammen im Werte von 70 M.)

Nach dieser Preisverteilung bekäme die Hälfte aller Aussteller Preise. Sie könnte auch mit Rücksicht auf die wertvollen Ehrenpreise für die besten Stämme anders vorgenommen werden:

| | | | | | |
|---|---|---|---|---|---|
| 1. Ehrenpreis | 18 M. | | 9. Ehrenpreis | 7 M. |
| 2. „ | 16 „ | | 10. „ | 7 „ |
| 3. „ | 14 „ | | 11. „ | 7 „ |
| 4. „ | 12 „ | | 12. „ | 6 „ |
| 5. „ | 10 „ | | 13. „ | 6 „ |
| 6. „ | 9 „ | | 14. „ | 6 „ |
| 7. „ | 9 „ | | 15. „ | 5 „ Trostpr. |
| 8. „ | 8 „ | | zusammen 140 M. | |

2 große und 1 mittlere Weltbundesmedaille
und Gruppenmeisterschaftspreis, vom Weltbunde gestiftet
(zusammen im Werte von 70 M.)

Auf diese Weise werden auch jüngere Züchter zum Ausstellen veranlaßt. Das Standgeld kommt bei einem Preise wieder heraus. So hebt sich die Sportslust und regt zu weiterem Streben an.

Dem die Ausstellung gebenden Vereine bleiben vom Standgelde eines Stammes 4 M. also (20×4) = 80 M. Außerdem sind auch noch die Preisrichter mit 70 M. bezahlt, sodaß der Verein 80 + 70 = 150 M. Nutzen und für die Gruppenpreise überhaupt nichts zu zahlen hat.

Nimmt der Verein von den 20 Stämmen der Allg. Klasse à 8 M. = 160 M. ein, so genügen diese für die Preisgelder dieser Klasse und der Zuschuß aus der Gruppe dient ihm zur Deckung sonstiger Auslagen. Der Anschluß an eine Weltbundesgruppe ist mithin sowohl für den einzelnen Züchter wie für den ganzen Verein von großem Nutzen, wenn ehrlich bezahlt und haushälterisch gewirtschaftet wird.

---

## Ehrenpreise und Medaillen.

Die meisten Ehrenpreise bestehen zurzeit in barem Gelde und Ausstellungen mit Geldehrenpreisen werden von den meisten Ausstellern bevorzugt, d. h. reichlicher beschickt, als solche, die Wertgegenstände bieten. Je höher und zahlreicher die Geldpreise, desto größer dürfte die Beschickung zu erhoffen sein.

An Wertgegenständen wähle man nur nützliche und gediegene Dinge, die auch der Leistung der Vögel entsprechen. Gegenstände als Zuschlagspreise zu den Geldpreisen erhöhen die Anziehungskraft der Ausstellung.

In den Medaillen sollten die Kanarienausstellungen ihre höchsten Auszeichnungen erblicken.

Die Medaillen müssen deshalb
1. schön geprägt,
2. von hohem Metallwert sein und
3. in beschränkter Zahl zur Konkurrenz gelangen.

Um einer Verschleuderung der Medaillen auf geringwertige Stämme vorzubeugen, ist es empfehlenswert, eine Mindestleistungsgrenze festzusetzen. Sie dürfte für einen Stamm (vier Stück) junger Hähne bei 260 Punkten und alter bei 280 Punkten gegeben sein.

---

# Arbeitsverteilung.

Soll alles an der Ausstellung ohne Beanstandung vor-
übergehen, so ist eine gewissenhafte Arbeitsteilung notwendig.

Man hat über die Ausstellung folgende Posten zu be-
setzen, für die der betr. Verwalter haftbar ist:

1. einen Herrn, der die auswärtigen Vögel in Empfang
   nimmt und sie wieder zurückschickt,
2. einen Herrn, der die Konkurrenzsänger numeriert,
3. einen Herrn, der die Konkurrenzsänger vor die Preisrichter stellt, sie füttert und für gute Beheizung sorgt,
4. einen Herrn, der die Resultate der Preisrichter zu Proto-
   koll nimmt und die Eintragung in den Katalog veranlaßt,
5. je zwei Herren an der Kasse beim Eintritt (es sind vier
   Herren zu bestimmen, die sich alle zwei Stunden ablösen),
6. einen Herren am Glückshafen (es sind zwei Herren zu bestimmen, die sich alle zwei Stunden ablösen),
7. zwei Herren auf dem Geschäftsbüro der Ausstellung, die
   die Gewinne verabreichen und verbuchen,
8. mehrere Herren zur Aufsicht.

Zu allen anderen Arbeiten vor und nach der Ausstellung können die Mitglieder des Vereins gemeinsam nützlich
mitwirken.

----

# Goldene Regeln für Aussteller.

1. Prüfe deine Vögel vor der Ausstellung.
2. Prüfe sie recht streng und genau, prämiiere sie in Punkten.
3. Rechne auf der Ausstellung nicht zu sehr auf Glück,
   sondern mehr auf Ausstellungspech.
4. Laß die Ausstellungsvögel auch einmal von Kennern aus
   deinem Freundeskreise abprüfen.
5. Wähle dir eine Ausstellung aus, auf welcher sattelfeste
   Kenner als Preisrichter bewerten.
6. Stelle dort aus, wo nach dem bewährten und objektiven
   Weltbundessystem gerichtet wird.

7. Als Mitglied einer Korporation (Verein oder Gruppe, bist du moralisch verpflichtet, die Ausstellung zu beschicken.
8. Versende die Vögel in guten, starken Verpackungen.
9. Besuche die Ausstellung, welche du beschickt hast.
10. Rege dich nicht auf, wenn dich die erwarteten Erfolge nicht befriedigen.
11. Bedenke, welch' ungünstige Umstände oft dein „Pech" verursacht.
12. Verurteile nicht gleich die Preisrichter, wenn sie einen Fehler gemacht haben. „Irren ist menschlich!"
13. Verlange nicht mehr als Recht ist.
14. Bringe den Preisrichtern Vertrauen entgegen.
15. Sei selbst ehrlich und gerecht.

# Zweiter Teil.

# A. Allgemeine Bemerkungen über den Kanariengesang.

Der Urgesang des Kanarienvogels hat im Laufe der Zeiten unter dem Einflusse der Züchter seine ursprüngliche Form verloren und ist zu einem edlen Kunstgesang herausgebildet worden. Die natürliche Veranlagung des Vogels kam dabei der Veredelungskunst des Züchters vorteilhaft zu Nutzen, so daß der Gesang heutzutage als ein wirkliches Kunstprodukt angesehen werden kann. Und von diesem soll hier die Rede sein.

Das Kanarienlied kann im allgemeinen insofern den Anforderungen der Kunst genügen, als es sich in seiner Ausdehnung nach der Höhe und nach der Tiefe in den dem Ohre angenehm klingenden Wohlklangsgrenzen bewegt und auch innerhalb derselben keine diesem Wohlklangsempfinden widersprechende Tonformen aufweist. Beim heutigen Kunstgesang hören wir hoch-, mittel- und tiefgelegene Tonstücke, Touren genannt. Der Wohlklang bei den hohen Touren ist geringer als bei den mittleren, bei den tief und tieferliegenden am besten, sofern diese tonrein sind. Den kleinsten Tonumfang haben die hohen, den größeren die mittleren und den größten die tieferen Touren. Daraus ergibt sich für die hohen Touren eine geringe, für die mittleren eine größere, für die tieferen die größte Variationsmöglichkeit (Abwechselungsmöglichkeit).

Daraus ergibt sich ferner, daß die mittleren und tieferen Touren weit wertvoller sind als die hohen. Diese drei Gruppen in ein gegenseitiges Wohlklangsverhältnis zueinander gebracht, ergeben allgemein folgende Dreiteilung:

hohe Werttouren, das sind die genügenden Liedbestandteile,
mittlere Werttouren, das sind die guten Liedbestandteile,
tiefe Werttouren, das sind die sehr guten Liedbestandteile.

Für Züchter, welche zugleich Musikkenner sind, sei hier der Tonumfang der wertvollen Touren in Noten dargestellt.

Die Pfeifen sind in allen Lagen mit Ausnahme der Knorr=
lagen anzutreffen.

Jede einzelne Note gibt die Lage an, auf welcher die be=
treffende Tour vom Vogel gesungen werden kann. Dabei muß
bemerkt werden, daß die Musik nur halbe und ganze Töne
darstellt, daß der Kanarienvogel auch Viertel= und Achtelton=
änderungen singt, was die Abwechselung bereichert. Die Wohl=
klangsgrenze für die hohen Touren wird bei gis der dreigestrichenen
Oktave überschritten; sie kann aber auch schon bei fis verloren
gehen, wenn der Vogel die Tour nicht zart und weich hervor=
bringt.

Der Tonumfang aller Werttouren im heutigen Kanarien=
liede umfaßt etwa 3 Oktaven und war durch die frühere,
zartsäuselnde Schwirre nach oben noch erweitert.

Als taktmäßig abgemessene Tonbewegungen lassen sich m. E. nur die Klingeln, Hohlklingeln, Schockeln, Pfeifen und Glucken wegen ihrer abgesetzten Silbenfolge einigermaßen in Noten darstellen; bei Hohlrollen, Klingelrollen, Knorren, Kollern, Schwirren und Wasserrollen ist das kaum möglich — soll die Darstellung richtig sein — weil diese Touren mehr tremulierend, trillernd und wirbelnd gebracht werden, also keine oder eine kaum merkliche Silbenunterbrechung aufweisen.

Die Bewegungen der Grundtöne, die Art der Silbenverbindungen ergeben in Verschmelzung mit verschiedenen Konsonanten (Begleitlauten) verschiedene musikalische Einheiten, die wir kurzweg Touren nennen.

Alle diese Touren kann man hinsichtlich der **Struktur,** d. i. des inneren Baues, des Gefüges und der Tonbewegung in drei große Gruppen einteilen:

1. die einfachen, ununterbrochenen Touren in rollender Form (Schwirren, Klingelrollen, Hohlrollen),
2. die einfachen, unterbrochenen Touren in klingelnder Form (Klingeln, Hohlklingeln, Schockeln, Glucken, Pfeifen),
2. die zusammengesetzten Touren in teils rollender, teils klingelnder Form (Knorren, Kollern, Wasserrollen).

**Die Struktur bildet das wesentlichste Merkmal einer jeden Tour.** Ihre Kenntnis erleichtert dem Züchter das Erkennen und Benennen der Tour.

**Die Klangfarbe bestimmt den musikalischen Wert einer Tour.** Sie gibt den Ausschlag bei der Prämiierung. Hinsichtlich der Klangfarbe scheiden sich die Touren in Wert- und Fehlertouren.

---

# B. Tourenbeschreibung.

## 1. Die einfachen, ununterbrochenen Werttouren in rollender Form.

Das Charakteristische aller Rolltouren besteht in der ununterbrochenen Aufeinanderfolge der einzelnen Tonsilben in Verbindung mit dem Konsonanten „r". In jeder Tour, die

in rollendem Rhythmus ertönt, ist das „r" merklich ein=
geschmolzen und es tritt in der einen Tour mehr, in der an=
deren weniger stark hervor. Eine Rolltour ohne den Konso=
nanten „r" ist nicht denkbar, denn er bildet ja den die Ton=
silben unter sich aufs innigste verbindenden und so die rollende
Tonbewegung erzeugenden Mitlaut. Fehlt dieses „r", so
wird der ununterbrochene, rollende, fortgesetzt sich wälzende,
surrende Silbenumlauf nicht zu hören sein.

Die einfachsten Rolltouren zerfallen hinsichtlich der Höhen=
lage in die hochgelegene Schwirre, die etwas tiefer liegende
Klingelrolle und die mittlere bis tiefste Hohlrolle.

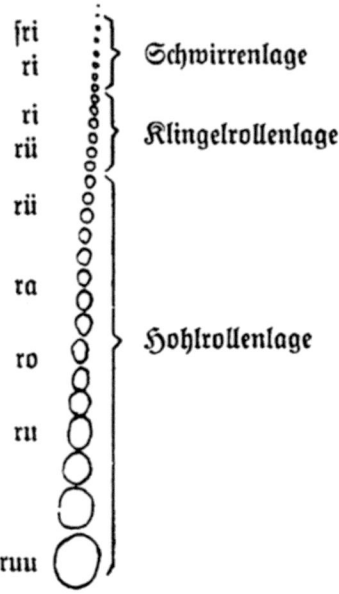

| sri | |
| ri | } Schwirrenlage |
| ri | |
| rü | } Klingelrollenlage |
| rü | |
| ra | |
| ro | } Hohlrollenlage |
| ru | |
| ruu | |

## 1. Die Schwirre.

Struktur. Der Grundton der Schwirre liegt auf „i". Als
Konsonanten sind eingeschmolzen r, zuweilen auch b und s,
so daß sie lautet auf ririri, sririri oder sbriri ohne Unter=
brechung der Tonsilben.

Klang. Der Klang hängt von der Reinheit des „i" und
der Stärke der Konsonanten r, s und b ab. Auch das

schwächste, dünnste „i" kann wertvoll sein, wenn es im zärtesten Pianissimo vorgetragen wird; dabei muß der Konsonant „r", leise angehaucht, zwischen den J-Silben so weich eingeschmolzen und von einem leisen s umwoben sein, daß er fast ganz zurücktritt und das edle „i" in einer tremulierenden Schwingung erhält. Hoch und fein mit einem reinen „sri" angesetzt, fallend und anschwellend im Vokale „i" zu tieferen Lagen herab in langgeschwungenem Bogen, ist sie eine geradezu bestrickende Schönheit in dem Liede eines Vogels. „Der Gesang schmeichelt sich in seiner weichen, sanften, melodischen Weise mit seinem Silberklange wohltuend ein; pianissimo beginnt das Schwirren, schwillt allmählich zum Forte und geht dann über in eine wunder=bare Hohlrolle." Schwierig ist die Erzeugung eines so hohen und doch edlen, feinen „i", so daß es die meisten unserer modernen Tiefsänger nicht in dem gewünschten Pianissimo singen können; ihre Schwirren erklingen daher rauh, scharf und hart und bilden so eine Gefahr für den edlen Gesang überhaupt. Unschätzbar aber ist der Tief=sänger, dem es gelingt, gleichsam im gedämpften Falsett die feinen Tonbogen der reinen Schwirre seinem edlen Liede einzugliedern. Man muß sich dabei die Wirkung einer solchen Piano=Kunstleistung vergegenwärtigen, um den Wert richtig zu bemessen.

Weniger wertvoll wird die Schwirre, wenn r, s und i zwar zart und rein erklingen, aber auf e i n e m Tone liegen bleiben, die vorerwähnten Bogen und Anschwellungen also nicht beschreiben. Ferner drücken den Wert herab

der nicht ganz klare Vokal, ein Mittellaut zwischen i und e (näselnder Klang),

das Übertönen des „r" (harter Klang),

das starke Hervortreten des „s" (scharfer Klang),

das häufige, deutlich hörbare „b" (schlagender Klang).

Kommen andere Mitlaute als die drei vorerwähnten in diesen hohen Lagen zum Vokale, wie z. B. dschri, so entsteht die Schnetterschwirre, eines der gefährlichsten Fehler=stücke für den Edelgesang.

Bedeutung: Die Ansichten der Züchter über den Wert der Schwirre für das heutige Kanarienlied gehen in zwei Richtungen auseinander. Die eine Richtung streicht sie

aus der Reihe der Werttouren, weil sie für den heutigen
Vogel zu hoch liegt, selten schön klingt und darum leicht
ausartet.

Die zweite Richtung vertritt den Standpunkt, daß die
hochgelegene Tour als Werttour keineswegs ausgeschaltet
werden dürfe,

1. weil sie in früheren Jahren tatsächlich häufig in vollendeter
Form anzutreffen und als Werttour bis 1913 in allen
Bewertungsskalen angeführt war,

2. weil die leichte Entartungsmöglichkeit ihre Kultivierung
zwar erschwert, jedoch nicht unmöglich macht.

Objektiv betrachtet, muß der 2. Richtung zu-
gestimmt werden. Denn was leicht ausartet, ist schwierig
zu züchten. Unter schwierigen Umständen einen Erfolg zu
erringen, ist von doppeltem Wert. Durch die Ausschaltung
der Schwirre, welche, wie die Geschichte lehrt, früher eine
gern gehörte Tour war, wird das heutige Edellied um
eine Fehlertour bereichert, was gleichbedeutend ist mit
einem Rückschritt. Wird die Schwirre aber fernerhin als
Werttour anerkannt, so bemühen sich die Züchter, ihr eine
besondere Pflege angedeihen zu lassen, was zum mindesten
zu den schönsten Hoffnungen auf Erfolg berechtigt. Zweifel-
los ist die Ansicht der 2. Richtung frei von persönlichem
Sondergeschmacke, also objektiv, wenn sie betont: auch das
kleinste und unscheinbarste Tonstück muß erhalten bleiben
und gefördert werden, soll der Zweck der Liedveredelung
erreicht werden: allseitige Förderung aller Gesangsanlagen
unserer Kanarien nach den Gesetzen des Schönen und
Guten.

Bewertung:

die genügend klingende Schwirre erhält    1 Punkt,
die besser klingende, also gute Schwirre erhält 2 Punkte,
die schönste, also sehr schöne    „    „ 3   „

## 2. Die Klingelrolle.

Struktur: Der Grundton liegt auf „i“ und dem dünneren „ü“.
Der Konsonant heißt „r“.

Der Name Rolle bezeichnet den Charakter der Tour.
Die Bezeichnung Klingel gibt die Lage dieser Rolltour an,

soll also heißen: diese Rolltour liegt in der Lage der Klingel zum Unterschiede von der tiefer gelegenen Rolltour, der Hohlrolle. Die Ansicht, als ob die Klingelrolle gleichzeitig klingle und rolle und daher ihren Namen habe, ist irrtümlich, denn die reine Klingelrolle ertönt in einem ununterbrochenen „ririri" oder „rürürü", während Klingeln abgesetzt und nicht rollend klingen.

Klang: Der Wohlklang hängt von der Reinheit des „i" und „ü" und der Stärke des Konsonanten „r" ab. Den Vokalen muß eine angenehme Rundung eigen sein, die sich in dem metallischen Klange kund gibt. Das „r" soll die Grundlaute nicht übertönen.

Weniger wertvoll wird die Klingelrolle, wenn „i" und „ü" unklar, unrein oder zu dünn sind, wenn sie vom „r" übertönt werden, sodaß der Klang rauh, getrübt, näselnd, hart oder trocken und schmelzlos gefärbt ist. Das hohe „i" in Verbindung mit „r" und „s" gibt bei starkem Luftstrom und geöffnetem Schnabel einen schrillen Klang. Mischt sich unter „r" und „i" ein „sch", so klingt die Tour flach und breit.

Bedeutung: Die Klingelrolle zählt zu den hohen genügenden Touren und bildet den Übergang aus der Schwirre in die Hohlrolle.

Bewertung:

die genügend klingende Klingelrolle erhält 1 Punkt,
die gut          „          „          „  2 Punkte,
die sehr gut     „          „          „  3   „

## Die Hohlrolle.

Struktur: Das Hohl liegt in den Grundtönen „ü, o, u, a, ö, e, ä". Das Rollen bewirkt der zwischen die Grundtöne eingeschmolzene Konsonant „r" also ro — rü — rü ra — rö — re.

Klang: Von der Reinheit des Vokales hängt zunächst der Klang der Hohlrolle ab. Die Vokale „ü — o — u und rundes ö" sind die edelsten Grundtöne, weil sie aus sich schon eine sättigende Rundung, eine enorme Tonfülle und ein zartes Schmelz geben.

Die Vokale „a — e — ä" sind klanglich minderwertiger. Das „a" klingt gern flach und matt; „ö" und
„e" klingen rauh und gedrückt, sie verschleiern also den
Wohlklang; „ä" neigt zu den gefährlichen Nasentouren.

Auf den Wohlklang der Hohlrolle ist ferner der Konsonant „r" von Einwirkung: tritt das „r" so stark hervor, daß
der Vokal fast verdeckt wird, so tönt die Hohlrolle rauh,
grob, hart, mitunter krätzig; hören wir das „r" mittelstark
vor einem klaren, tiefen „u" oder „o", so hört sich der
Klang sprudelnd, perlend an; tritt das „r" ganz zurück, sodaß man vorwiegend einen mit weichem „k" „h" und „l"
eingeschalteten, zart fibrierenden Grundton heraustönen
hört, so ist der Klang schmelzig, edel, lullend oder kullernd:
klruhlruhlruhlrohlroh. Das kullernde Hohl unterscheidet
sich von der glatten, einfachen Hohlrolle durch die tiefe,
mit weichen Konsonanten schwebend und schwingend durch-
setzte Volltönigkeit bei fast völliger Ausschaltung des „r";
es ist gewissermaßen eine gedehnte Hohlrolle auf „u" und „o".

Bei der Hohlrolle unterscheidet man im allgemeinen
vier Lagen:
die hohe, die mittlere, die tiefere und die tiefste Lage;
die hohe Lage ist die minderwertigste, ihr Grundton ist „i",
die mittlere Lage ist die bessere, ihr Grundton ist „ü",
die tiefere Lage ist die gute, ihre Grundtöne sind „ü", „o",
die tiefste Lage ist die beste (wenn rein), ihre Grundtöne sind
„o", „u".

Liegt die Hohlrolle auf ein und demselben Grundtone, so
ist sie gerade: rürürürürü usw.

Fällt die Hohlrolle in eine tiefere Tonlage herab, so
wechselt meist der Grundton; sie heißt fallende Hohlrolle
rürürü — rorororo usw. Bewegt sich die Hohlrolle vom
angesungenen Grundtone in eine Tonlage höher, so heißt
sie steigende Hohlrolle: roro — rürü.

Durchfingt ein Vogel in einem Zuge verschiedene Ton=
lagen wechselnd in steigender und fallender Ordnung, so
heißt sie gebogene Hohlrolle rorororürürürororuru usw. Nach=
stehende Veranschaulichung dürfte zur Klärung beitragen.

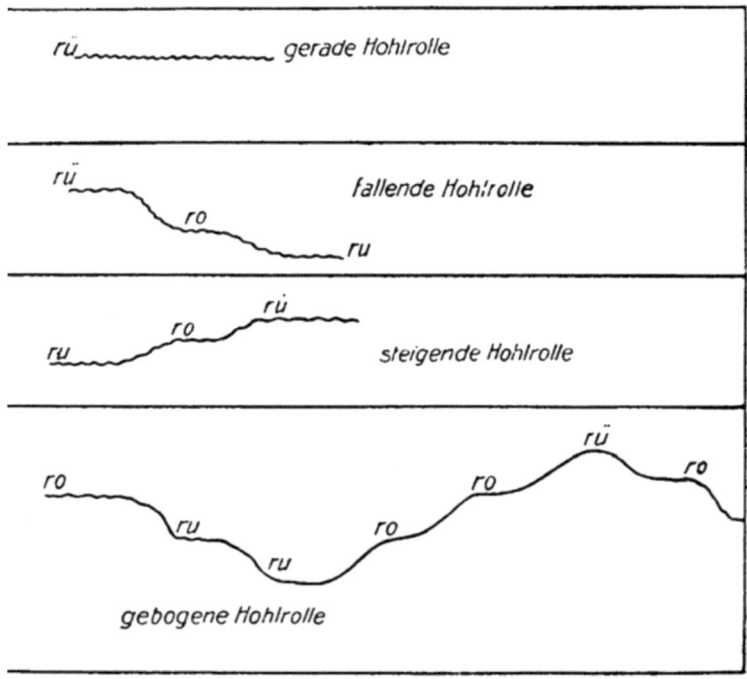

Bedeutung: Die Hohlrolle hat den größten Tonumfang
unter den Rolltouren. Dadurch ist ihr Klang ungemein
verschieden in Lage und Färbung. Sie wird deshalb
von vielen Kennern als die schönste aller Touren an=
gesehen. Doch das ist Geschmackssache. Ihre tiefe Züch=
tung ist sehr schwierig, weil die Gefahr der Ausartung ins
Unklare und Näselnde nahe liegt. Eintönig wirkt die
gerade Hohlrolle, selbst wenn sie tief liegt. Besser klingt
die reine fallende Hohlrolle, während die Bogenhohlrolle
über mehrere tiefe Lagen steigend und fallend gezogen als
das Ideal gelten kann.

Bewertung: Der große Umfang, die überreiche Abwechse=
lung in Lage und Klangfarbe bedingen zur Bewertung
eine größere Punktzahl als die Touren mit geringem
Tonumfang und weniger Variationsmöglichkeit. Der
Idealwert ist auf 9 Punkte festgelegt und ist die Be=
wertung folgendermaßen gedacht:

Die höheren und nicht ganz klaren tieferen Hohlrollen er=
halten bei genügendem Klang 1, 2 oder 3 Punkte. Die
mittleren bis tiefen Hohlrollen erhalten bei gutem Klang 4, 5,
und 6 Punkte. Die ganz tiefen, fallenden, gebogenen und
kullernden Hohlrollen erhalten bei sehr gutem Klang 7, 8
oder 9 Punkte.

---

# II. Die einfachen und unterbrochenen Werttouren in klingelnder Form.

Das Charakteristische der Werttouren in klingelnder Form
besteht in der unterbrochenen Aufeinanderfolge der ein=
zelnen Tonsilben, sodaß zwischen jeder Silbe eine Pause, ein
zeitlicher Zwischenraum, liegt. Diese Pause wird bei den Roll=
touren mit „r" überbrückt; bei den Klingeltouren fehlt das „r".

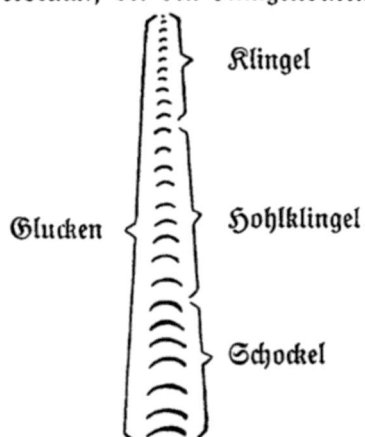

Klingel

Glucken

Hohlklingel

Schockel

Zu den unterbrochenen Touren gehören: die hochgelegene
Klingel, die tiefer liegende Hohlklingel, die tiefe Schockel, die
Glucken und die Pfeifen.

# 1. Die Klingel.

Struktur: Der Grundton der Klingel liegt wie bei der Schwirre und Klingelrolle auf „i".

Die Konsonanten sind „l, h, b". Ihre Zusammensetzung in der Wohlklangsform heißt „lililili — hihihihi — bibibibi.

Klang: Der Klang der Klingel hängt von der Rundung und Reinheit des „i", von der Stärke der Konsonanten „l, h, b" und von der Größe der Silbenpausen ab, welche das Tempo (Zeitmaß) angeben.

Den besten Klang ergibt die Verbindung des reinen „i" mit „l": „lilili" in nicht zu langsamer Aufeinanderfolge der Tonsilben. Auch mit „h" kann der Wohlklang gut sein, jedoch dürfen die Zwischenräume zwischen den Tonsilben nicht zu groß sein, damit die Klingel nicht hüpfend ertönt.

Die Verbindung von „b" und „i" ist nur dann gut, wenn das „b" schwach vor dem reinen, weichen „i" ziemlich rasch gebracht wird. Ist das „i" hart, das „b" stark hervortretend abgesetzt, so kommt der Klang stoßend heraus; die Klingel heißt dann Stoßklingel.

Wie der Name schon sagt, erinnert die gute Klingel im Ton und Tempo an das reine, silberhelle Anschlagen eines Glöckleins, das man Klingeln nennt. (Klingeln ist abzuleiten von Klang.) Der Klang ist umso schöner, je einfacher die Tour zusammengesetzt ist. Die Klingel verliert an Wert, wenn der Grundton „i" unrein oder auf „e" lautet.

Sie entartet, wenn sich andere als die genannten Mitlaute einschmelzen. Sehr gefährlich ist der Zungenlaut „s" in Verbindung mit „b" (bsibsibsibsi oder bsebsebsebse). Die vielen geräuschvollen, für die Musik nicht tönenden, also unedlen Konsonanten, ersticken den Grundton und die Unterbrechung der Tonsilben führt zur Schnetter (dschedsche-dschedsche). Spitz ist die Klingel, wenn das „i" recht dünn und hoch liegt, mit „b" oder „h" (vielleicht auch etwas „s") verbunden in „abgehackten" Tonsilben gebracht wird.

Die näselnde oder Nasenklingel lautet auf ein getrübtes „i, e, a" in Verbindung mit „n" und „s" ninini, snisnisnisni snesnesnesne, snäsnäsnäsnä. Sie ist vollständig wertlos.

Nicht besonders wohlklingend ist die Klingel, wenn die Tonsilben in langsamerem Tempo hintereinander gebracht werden. Die tonliche Einheit verliert sich und der Wohlklang leidet. Eine solche Klingel heißt Schleppklingel. Bei den unterbrochenen Touren muß das Tempo in hohen Lagen rascher sein (mehr Schwingungen) als in tieferen; so ist die schleppende Klingel langweilig und lückenhaft, weil die hohen J-Töne wenig Tonfülle entwickeln, also leer klingen. Eine tiefe Schockel dagegen hört sich in gut abgesetzten langsamen Tonsilben sehr schön an, weil die tiefen O- und U-Töne einen ausgiebigen, volltönigen Schall erzeugen, der die großen Lücken reichlich ausfüllt.

Bedeutung: Der metallische Wohllaut der guten Klingel macht diese Tour wertvoll. Obwohl die Klingel infolge ihrer hohen Lage zu den genügenden Liedbestandteilen gerechnet werden muß, kann sie im Interesse der Erhaltung einer angenehmen Abwechselung im Kanarienliede nicht vermißt werden. In früheren Jahren konnte man die Klingeln in bewundernswerter Reinheit antreffen und diese Tatsache beweist, daß auch die Klingel, welche heute nicht auf der Höhe steht, trotz ihrer leichten Entartung und daher schwierigen Züchtung einer gesunden Kultivierung fähig ist. Der Kampf gegen die schlechte Klingel ist wohl berechtigt, die ungerechte Unterdrückung der guten Klingel durch geringe Einschätzung widerspricht dem Fortbildungsgedanken.

Bewertung: Da der Tonumfang der Klingel als Werttour ein geringer ist, so sind zur richtigen Bewertung auch weniger Punkte nötig.

Die genügend klingende Klingel erhält 1 Punkt,
die gut       „        „        „  2 Punkte,
die sehr gut   „        „        „  3 Punkte.

## 2. Die Hohlklingel.

Struktur: Der Grundton heißt „ü“.
Als begleitende Konsonanten gelten „l“ und „h“ (lülülü, hühühü). Die Struktur ist also sehr einfach.

Klang und Bedeutung. Der Wohlklang wird durch das reine „ü“ und die weichen Laute „l“ und „h“ gebildet. Das reine „ü“ kann in verschiedener Rundung und Fülle erklingen und so den Wohllaut heben oder mindern. Das „l“ gibt dem Klang eine liebliche, lullende Form und ist der Hohlklingel mit „h“ vorzuziehen. Das „h“ dehnt die

Silben zuweilen derart, daß die Struktur locker wird und
der Klang sich hüpfend, stoßend oder schleppend (auch
bellend) anhört, daher auch die Bezeichnung schleppende,
hüpfende Hohlklingel. Diese Formen wären bei ent=
sprechender Reinheit als noch genügend anzusehen. Fehler=
haft ist die Hohlklingel, wenn der Grundton unrein klingt,
(e, ä). Als Nasenklingel kann sie dem Edelgesang ge=
fährlich werden.

Bewertung: Die Hohlklingel liegt zwischen Klingel und Schockel
und wird in dieser Mittellage als gute Tour angesehen.
Ihr Tonumfang ist größer, ihr Klang besser als der der
Klingel, deshalb muß ihr bei der Punktbewertung auch
eine höhere Punktzahl zugewiesen werden:

die genügend klingende Hohlklingel erhält 1—2 Punkte,
die gut klingende Hohlklingel erhält 3—4 Punkte,
die sehr gut klingende Hohlklingel erhält 5—6 Punkte.

### 3. Die Schockel.

Struktur. Die Grundtöne der Schockel sind die gleichen wie
bei der Hohlrolle:

tiefes ü, o, u—a ä, ö, e.

Die Konsonanten heißen h, l, seltener g und b.

ho—ho—ho; hu—hu—hu; hü—hü—hü—;
lo—lo—lo; lu—lu—lu; lü—lü—lü—;
ha—ha—ha; hö—hö—hö; he—he—he; hä—hä—hä.
go—go—go; gu—gu—gu; gü—gü—gü;
bo—bo—bo; bu—bu—bu; bü—bü—bü;
ga—ga—ga; gö—gö—gö; ge—ge—ge; gä—gä—gä;
ba—ba—ba; bö—bö—bö; be—be—be; bä—bä—bä.

Mit der Hohlrolle kann die Schockel nicht verwechselt
werden, denn sie rollt nicht, ihr fehlt das „r" vollständig;
die tremulierende Hohlrolle zieht nicht die Tonsilben abgesetzt
auseinander wie die Schockel, sondern sie zittert gleichsam
mit den rollenden Tonsilben; deshalb ist auch hier eine
Verwechselung nicht leicht möglich.

Klang: Die Reinheit des Vokales ist für den Klang maß=
gebend. Die Konsonanten kommen bei dem Klang der
Schockel weniger in Betracht. Am besten klingt die
Schockel auf dem reinen u—o—ü; weniger wertvoll sind
„a", weil Neigung zur Verflachung, „ö", „e" und „ä", weil

Entartung in den unreinen Nasenklang eintreten kann. Die Konsonanten „h“ und „l“ treten meist stark zurück, während „g“ und „b“ die Tonsilben etwas eckig anstoßen. Die meisten Entartungen entfallen auf den Grundton und neigen zu Nasenschockeln.

Man vergleicht die Klingel mit dem Klange eines kleinen Glöckchens, die Hohlklingel mit dem einer größeren, die Schockel mit dem einer großen Glocke.

Die Schockel soll stets so tief liegen wie des Vogels Hohlrolle. Sie kann gerade ⌣ ⌣ ⌣ ⌣, steigend ⌣ ⌣ ⌣ ⌣ ⌣ ⌣ ⌣ ⌣ fallend ⌣ ⌣ ⌣ ⌣ ⌣ ⌣ ⌣ ⌣ oder mehrfach steigend und fallend gebracht werden:

⌣ ⌣ ⌣ ⌣ ⌣ ⌣ ⌣ ⌣ ⌣ ⌣ ⌣ ⌣ ⌣ ⌣ ⌣ ⌣ ⌣ ⌣ ⌣ ⌣ ⌣ ⌣ ⌣

Die Schockel ist niemals gebogen, weil sie eine unterbrochene Tour ist, die nur steigt und fällt. Einen Stock kann man biegen, solange er als Ganzes zusammenhängt; sobald er aber auseinandergebrochen ist, kann er nicht mehr gebogen werden. Die Tonsilben der Hohlrolle hängen in einer ununterbrochenen Reihe zusammen und in dieser Reihe lassen sie sich biegen. Die Tonsilben der Schockel aber hängen nicht zusammen, sie bilden eine durch tonlose Lücken getrennte Reihe und können also nur steigen oder fallen. Nichtzusammenhängendes kann auch nicht gebogen sein.

Bedeutung: Die mannigfache Abwechselung, welche die Schockel in die tiefen Lagen des Liedes neben der Hohlrolle bringt, erhöht ihren Wert. Sie wird mit Vorliebe beim modernen Kanarienvogel gehört und ist deshalb sehr gesucht.

Die Schockel ist die tiefe Schwester der Hohlklingel.

Bewertung:

Die genügend klingende Schockel erhält 1—2 Punkte,
die gut         „           „         „   3—4   „  ,
die sehr gut    „           „         „   5—6   „  .

### 4. Die Glucken.

Struktur: Sehr gute Grundtöne sind „u“ und „o“.
Gute Grundtöne lauten auf „ö“ und „ü“.
Geringe bis fehlerhafte Grundtöne „a, e, ö, ä, i“.

Als Konsonanten sind „gl, kl, bl" zwischen die Grundtöne eingeschaltet.

gluk — gluk — gluck — glokloglokok usw.

blukluk — bluckluk — blocklokblocklok usw.

Klang: Bei den Glucken mit ihren Variationen hört man die unterbrochenen Tonsilben sehr deutlich. Die Klangwirkung ist bei den tiefer gelegenen Glucken umso schöner, je deut- licher die Silben abgesetzt werden. Die Häufung der Kon- sonanten erstickt zuweilen die Grundtöne, sodaß sich der Klang mehr klappernd, plätschernd und flach anhört. Hat jedoch der gute Grundton die Vorherrschaft, dann ist der Klang mitunter sehr bestrickend, besonders wenn er auf einem reinen, tiefen, vollen Hohl liegt. In diesem Falle heißt die Tour Hohlglucke. In dieser Form heißt sie auch einfache Glucke.

Die Klingelglucke hat, wie der Name schon sagt, eine höhere Lage auf dem Grundton „ü" und lautet in „i" aus; also „glüi — glüi — glüi", was einen doppelten Klang gibt.

Bei der tiefen Doppelglucke fällt der Klingelton „i" aus. Man hört hinter dem stärkeren „Gluck" eine Oktave tiefer einen schwächeren Nachschlag auf „gluck".

Eine weitere klangliche Abart ist die Wasserglucke. Sie hat Ähnlichkeit mit dem plumpernden Klange eines ins Wasser fallenden Tröpfleins. In gewissem Sinne ist auch sie eine Doppelglucke, weil man einen tieferen Ton auf „u" mit einem nachfolgenden „i" vernimmt. Die Konsonanten „bl" und „gl" müssen weich klingen (bluik — bluik — bluik, gloik — gloik — gloik). Von der ein- fachen Hohlglucke unterscheidet sie sich durch ihren Doppel- und ihren Wasserklang. Flach und entartet lautet sie auf „a" und „ä" mit harten Konsonanten.

Bedeutung: Die Glucken bilden wegen ihrer eigenartigen Zusammensetzung, wegen ihrer ausgedehnten Variationen und der damit zusammenhängenden Klangfarben im Tourenschatze des Kanarienliedes eine wichtige Gruppe. In früheren Jahren wurden sie sehr häufig und mit recht gutem Erfolge an sich rein und edel gezüchtet. Ihrer schwierigen Züchtung und geringen Einschätzung wegen kamen sie aber außer Kurs, weil der modern gewordene Hohlroller leichter rein zu züchten und zu verkaufen war, sodaß sich das Züchten von Gluckvögeln wenig lohnte.

Erst in neuerer Zeit hat die Kultivierung der Glucktouren wieder mit Erfolg eingesetzt und ist eine von den Liebhaberzüchtern gesuchte Tour, die den höheren Sport belebt.

Bewertung: Der große Umfang der Glucktouren, die reiche Veränderungsmöglichkeit erfordern einen größeren Spielraum bei der Punktbewertung:

Genügend klingende Glucken erhalten 1—2 Punkte,
gut          „          „          „   3—4   „  ,
sehr gut     „          „          „   5—6   „  .

## 5. Die Pfeifen.

Struktur: Sehr gute Grundtöne: „u, o, ü"; gute Grundtöne: „ü, i, au, a"; genügende und teils fehlerhafte Grundtöne „i, e, ä, ö, iu, iau, io".

Der beste Konsonant ist das weiche „d"; dann folgt „t"; schlechte Konsonanten sind „tf", „z". Jede Pfeife ist einsilbig.

Klang: Reine Grundtöne in Verbindung mit einem weichen „d" geben einen guten Klang. Die tieferen und mittleren Pfeifen sind wertvoller als die hohen, weil der Klang· bei ersteren besser ist. Hohe Pfeifen müssen, wenn sie nicht entwerten sollen, mindestens zart und weich klingen. Wird der reine Vokal etwas länger ausgehalten, so klingt er gedehnt, wehmütig, klagend und man nennt solche Pfeifen auch gerne Flöten. Die unreinen Vokale „ä, ö, e" bringen Nasenpfeifen. Hart erklingt die Pfeife mit starkem „t" angesetzt („tü"). Kurz abgesetzt, ertönen mehrere solcher Pfeifen als Stoßpfeifen und gibt es solche in jeder Tonlage; in hoher Lage klingen sie auch noch spitz. Scharf ist der Klang, wenn sich zwischen dem Konsonant „t" und dem Vokal ein „f" oder „z" einschiebt: „tfi, zi, ziau." Die Klangwirkung wird erhöht durch mäßig abgesetztes, sie verliert durch zu hastiges, abgerissenes und sich oft wiederholendes Aneinanderreihen der einzelnen Silben. Mehr als vier Pfeifen auf einem Tone sollte ein guter Vogel nicht singen (du — du — du — du). Wechselt er aber in den Lagen du — du — du — dü — dü — dü — do — do, so erhöhen diese den Liedwert und können trotz ihrer Häufigkeit als schön empfunden werden.

Bedeutung: Die Pfeifen gehören zu den einfachsten Touren. Im gesamten Liedvortrage können sie das Klangbild trefflich erhöhen, so z. B. als Ausläufer der Schockeln und Hohlklingeln, als Übergänge aus Hohltouren in Knorren oder in tiefer Lage als Einleitung zum Liede. Zur rechten Zeit am richtigen Platze eingeschaltet, geben sie dem Kanarienlied eine angenehme, abwechselnde Einteilung und überbrücken die Rolltouren mit den Klingeltouren oder umgekehrt. Liedentwertend wirken die Pfeifen, wenn sie in häufiger Zahl das Lied durchsetzen und so die Entfaltung der übrigen Touren zurückdrängen.

Bewertung: Als einsilbige, einfache Touren haben die Pfeifen für die Stammzucht weniger Bedeutung. Da sie ferner als Begleittouren trotz ihrer großen Verschiedenheit unter sich nicht so häufig und stark abwechselnd im Liede auftreten dürfen, soll der Wohlklang des Gesamtvortrages nicht gestört werden, so genügen sechs Wertpunkte:

für genügend klingende Pfeifen gibt es 1—2 Punkte,
 „  gut             „        „      „  „ 3—4   „  ,
 „  sehr gut        „        „      „  „ 5—6   „  .

Wie die Pfeifen in das Klangbild des Gesamtvortrages eingeflochten sind und in welcher Weise sie hier liedentwertend oder wohlklangfördernd wirken, wird bei der Punktbewertung für Klangbild in Berücksichtigung gezogen werden müssen.

---

# III. Zusammengesetzte Touren in teils rollender, teils klingelnder Form.

Bei diesen Touren findet man Tonsilben mit starken Konsonantenhäufungen in Verbindung mit Hohlvokalen. Häufig sind die einzelnen Silben in sich rollend, im Zusammenhang aber durch kleine Pausen getrennt, also klingelnd bezw. schockelnd und gluckend. Zu dieser Abteilung gehören Knorren, Kollern, Wasserrollen und Gluckrollen.

## 1. Knorren.

Struktur: Als die besten Grundtöne der Knorren eignen sich „o" und „u"; weniger schön sind „e, a, ä".

Als Konsonanten hört man heraus ein doppeltes und dreifaches „r" (rrr) in Verbindung mit „g" „k" und „n" (korrr, knorrr, kurrr, knurrr).

Das Gefüge der Knorre kann in rollender, un= unterbrochener Form auftreten und man könnte eine solche Tour als Rollknorre bezeichnen.

Ist die Verbindung der Knorrsilben unterbrochen, daß die Knorre abgesetzt, gewissermaßen in Stößen schockelnd oder gluckend erscheint, so hat das Gefüge klingelnden Charakter. Davon abgeleitet, entstanden die Namen Gluck= knorre, Schockelknorre, Kollerknorre.

Klang: Jede Knorre muß bei geschlossenem Schnabel einen Hohlklang haben, sonst ist sie nicht schön. Bei der Roll= knorre halten die Konsonanten mit dem Vokal klanglich das Gleichgewicht, d. h. beide tönen gleichstark; es entsteht sonach ein festgefügtes, markiges, geschlossenes Surren, das im Klange dem Knorren auf den Lehrorgeln gleichkommt. Gut gerollt auf „o", waren diese Rollknorren vor 12—15 Jahren das beste, was in Knorren zu finden war. Man befriedigte sich sogar mit Knarren, einer auf „a" liegenden Rollknorre und hielt sie als noch prämiierungsfähig. Der flache, harte Klang macht sie aber heute wertlos. Dagegen ist die Rollknorre in vollendeter Schönheit zur Hohl= knorre ausgebildet worden. Die rauschenden Konsonanten treten zurück und der Vokal kommt deutlicher heraus, oft begleitet von einem vier, fünf oder acht Töne höher liegen= den Vokale auf „ü" oder „i", man könnte sogar von einer doppeltönigen Knorre sprechen. Der Klang ist sehr befriedigend und durchweg gut abgetönt, ein wunderlieb= liches Tongemenge. Herrlich schön ist die Knorrfigur, wenn sie mit der guten Rollknorre einsetzt und in eine tiefergelegene Hohlknorre übergeht, die sich dann am Schlusse noch aus der Rollform in gluckende Silben auf= lockert. In einer solchen zusammenhängenden Touren= variation sind eigentlich drei Knorren zu hören. Die letzte davon heißt Gluckknorre, welche in ihre Tonsilben noch ein leises „l" aufnimmt. Die Kollerknorre ist vor=

wiegend in tiefstem Hohl gelegen; der knorrige Klang vermischt sich mit Hohlklang auf „o" und „u" in schockeln= der und tremulierender Tonform. Tritt das Knorrige im Klange ganz in den Hintergrund, so sprudelt der Vokal „u" (oder „o") in zitterndem Hohl, das mehr für kullerndes Hohl als eine Knorre angesprochen werden dürfte. Eine vollendet harmonische Tonausgleichung von Knorre und diesem Gluck= bezw. Kollerhohl ist wohl das Ideal einer feinen Knorre. — Jede Knorre artet aus, sobald der Vogel den Schnabel auch nur leise öffnet. Der Grundton wird dabei flach und näselnd, die Konsonanten klingen scharf rätschend.

Bedeutung: Der Knorre kommt eine hohe Bedeutung im Kanarienliede zu. Alle Kenner sind sich darin einig, daß sie Fundament und Baß im Liede darstellt und dem ganzen Klangbilde eine für das Ohr angenehme Würze verleiht. Sie ist kein Zufallsprodukt, sondern muß durch vorsichtige Zuchtwahl und Paarung in ihrer Tiefe erhalten und gefördert werden. Schon die vielen Konsonanten in ihrer Struktur, welche nur durch ungemein rasche Schwingungen einen Ton hervorbringen können, legen den Grundton der Knorre in die Tiefe. Hochgelegene Knorren von gutem Klange gibt es nicht. Deshalb ist die Kulti= vierung der Knorre in der Tiefe keine einfache Sache von Natur aus. Die Knorre ist tatsächlich auch hinsichtlich ihrer Lage zu allen modernen Hohltouren die tiefste Tour. Soweit ich bisher feststellen konnte, liegt die höchste Knorre immer noch zirka 12 Töne tiefer als die tiefste Hohlrolle. Aus der Knorre haben sich in den letzten Jahren wunder= bare Variationen entwickelt, sodaß sie gewissermaßen als die Muttertour mancher Neuerscheinungen gelten darf. Es ist darum richtig, wenn sie als eine vollberechtigte Stammes= tour anerkannt wird.

Bewertung: In Anbetracht der tiefen Lage, des großen Ton= umfanges, der wunderbaren Veränderungsmöglichkeit, der schwierigen Züchtung und ihrer Bedeutung als Mutter= oder Stammestour ist ihre Gleichstellung mit der Hohl= rolle vollauf gerechtfertigt. Das Bewertungssystem läßt folgende Bewertung zu:

genügende Knorren erhalten 1, 2, 3 Wertpunkte,
gute        „        „    4, 5, 6    „    ,
sehr gute   „        „    7, 8, 9    „    .

## 2. Die Wasserrollen.

Struktur: Die guten Grundtöne der Wasserrollen liegen auf den Vokalen „o", „u", „ü"; weniger eignet sich „a".

Die begleitenden Konsonanten sind „w", „g", „d", „l", „r", „b", sodaß sich das Ganze in folgende Silben zusammensetzt:

> gwublrublgwublrubl roblgwoblrublrobl
> gwablrablgwabrabl bliublrublbliublrubl
> blublrublblublrubl bliubbriublriublbliubl

Klang: Der Klang der Wasserrollen erinnert an das Gurgeln, Sprudeln und Quallern eines über Steine und Strudellöcher fließenden Bächleins. Nachahmen können wir die Wasserrollen einigermaßen, wenn wir Röhrchen von verschiedener Weite in Wasser tauchen und hineinblasen. Je weiter die Röhre, desto tiefer der Ton. Je tiefer die Röhre in das Wasser getaucht wird, umso hohler, dumpfer und weicher klingt der Ton. Wird die Röhre langsam aus dem Wasser gezogen, so hört man ganz deutlich das Abflachen des Grundtones und das stärker werdende Platzen der Luftblasen, bis an der Oberfläche das Quallern in ein flaches, breites, plätscherndes Rauschen und Quaddeln übergeht, das klanglich wertlos ist. Den platzenden Luftbläschen dient das Wasser als Resonanzboden und daher kommt die Wasserklangfärbung. Beim Vogelliede unterscheidet man hinsichtlich des Klanges eine einfache Wasserrolle, die mehr oder minder etwas plätschert und deshalb nicht so wertvoll ist als ihre tiefer gelegene Schwester die Hohlwasserrolle oder die kullernde Wasserrolle. Beide werden mit vollständig geschlossenem Schnabel gesungen und sind durch die weichen Laute „bl" und „dl" in schockelnder Tonbewegung sehr schmelzig abgetönt. Der sehr gute Klang liegt in der Tiefe des Vokals auf „u". Diese Wasserrollen sind darum eine edle Perle der Tonkunst unseres Vogels und nur die tiefsten Stämme sind imstande, sie ohne Nachteil für die übrigen Touren zu singen.

Bedeutung: Die Wasserrollen sind für die fortschrittliche Ausgestaltung des Kanarienliedes von größter Bedeutung. Die ungemein tiefe Lage ist geradezu unerschöpflich in Erzeugung von neuen Tonformen und Variationen. Sie sind wie die Knorren eine ergiebige Tonquelle, tiefe Mutter-

ober Stammestouren und verdienen mit Recht der Hohl=
rolle und Knorre gleichgestellt zu werden. In flacher und
klanglich minderwertiger Gestalt können sie allerdings auch
für das edle Lied eine ebenso große Gefahr bilden.

Bewertung: Die Fein= und Reinzüchtung der Wasserroller ist
zurzeit noch in der Entwickelung begriffen und sind des=
halb für diese Stammestour vorläufig 6 Punkte festgesetzt,
die wie folgt vergeben werden können:

die genügende Wasserrolle erhält 1—2 Punkte,
die gute          „          „   3—4    „ ,
die sehr gute     „          „   5—6    „ .

### 3. Die Koller.

Struktur: Die Grundtöne sind „o, u, ü, ö, öi, au, eu".

Die Konsonanten heißen „bl, gw, kw, r, l".

Die Tonsilben der Koller lauten:
brloiroiluilui=brlüillüilüi blöiroiroirui=blrauiröiloi gwlräiroirui=
kwlreuiluillüi.

Klang: Die Koller kann hinsichtlich ihres Klanges in zwei
Arten auftreten: als Hohlkoller und Wasserkoller. Der
Hohlkollerklang erinnert an Verbindungen mit tremulieren=
den Hohlrollen, der Wasserkollerklang neigt in die Ver=
wandtschaft der Wasserroller=, Knorr= und Gluckvögel.
Eine charakteristische Erscheinung der Koller ist das Mit=
klingen eines „i" in jeder Silbe, während tief unten ab=
wechselnd die Laute „u, ö, ü, au, o, eu" „eingeschockelt"
und mit „l, h" oder „rl" verbunden werden. Durch diese
Abwechselung wird die Silbenreihe zwei= und dreitönig,
was an einen Dreiklang erinnert.

Die Ende des Jahres 1913 von mir gehörte Koller
läßt sich folgendermaßen beschreiben:

Die drei Lagen bilden in ihrer Aufeinanderfolge ebenfalls einen Dreiklang.

Das „ri" schwebt rollend eine Oktave (8 Töne) über den tiefen, kollernden Brusttönen und wechselt wie diese und mit diesen die Lagen, d. h. es steigt und fällt, während gleichzeitig mitteltief unten ein tremulierendes lüllüllü mit lallalla auf lillilli auf lüllüllü emporsteigt und dann auf lullu, lollo, blobllobllo oder kollokolo tief herabfällt.

Man hört dabei nichts von Knorre, nichts von Hohlrolle, auch nichts von Glucke, sondern ein reines Hohl in gebundener, lebendiger Bewegung. Der Vogel „spricht" selbst „Koller".

Sowie der Vogel „knorr" singt und man dieses Tonstück Knorre nennt, so bezeichnet man das als Koller, was er mit dem Texte: kollerkollerkoller 2c. hervorbringt. Nun gibt es verschiedene Klänge: manchmal fehlt das „k" und man hört ollerolleroller; ein anderer Vogel „verschluckt" das „r" und man hört kollokollokollo; manchmal klingt das „k" weich oder wird durch „b" ersetzt; manchmal ist an Stelle des „o" ein „u" (Kuller) oder ein „e, ü, a".

Je nachdem ein Konsonant fehlt oder ein weiterer eingeschoben wird, ist der Klang ein anderer. Das gibt dann Variationen, sie sind aber im Grunde genommen Kollerformen.

In den Mittellagen hörte man ganz deutlich einen Dreiklang heraus, während in den Tieflagen ein Zweiklang zu vernehmen war.

Die wunderbaren Klangeffekte der Koller bilden für den Kanariengesang eine wunderhübsche Mannigfaltigkeit, die jeden Tonkenner entzücken muß. Die abgehörten Kollervögel hatten außer dieser Koller noch sehr tiefe Hohlrolle, brillante Knorre und keine häßlichen Fehler, nicht einmal Aufzüge. Dabei sangen sie so flüssig, innig und abwechselnd, daß man ordentlich erstaunt war. Es ist somit auch durch die Praxis bestätigt, daß Kollervögel auch touren- und tonrein gezüchtet werden können, daß manche Züchter, welche vor dem Kultivieren der Koller ob ihrer Fehlerhaftigkeit bange machen wollen, nicht recht haben.

Prima Kollervögel sind selten wie prima Hohlroller und können nicht um 18—20 M. pro Stück gekauft werden.

Bedeutung: Wegen dieser wunderbaren Klangeffekte, ihrer Vielseitigkeit und schwierigen Züchtung, ihrer Bedeutung als tiefe Stammtour ist die Koller sehr geschätzt. Man

nannte sie früher „die Königin aller Touren". Durch ein=
seitige Züchtung der leichteren Hohlrollervögel wurde sie
sehr selten. In neuerer Zeit ist man erfreulicherweise am
Werke, auch diese tiefe Tour wieder zu heben und zu
verbreiten und so durch alle möglichen Tonarten den Edel=
gesang im Kanarienliede zu bereichern.

Ob es gelingt, sie in alter Klangfarbe wieder zu ge=
winnen, wird die Zukunft lehren.

Bewertung: Der Idealwert der Koller ist mit Hohlrolle und
Knorre gleichgestellt:

die genügende Koller erhält 1, 2, 3 Punkte,<br>
die gute     „     „    4, 5, 6    „   ,<br>
die sehr gute   „     „    7, 8, 9    „   .

#### 4. Die Gluckrollen.

Struktur: Gute Grundtöne sind „u, o, ü", mindergute „e, a, ä".
Als Konsonanten hört man „g, k, r, l".

Die Tonsilben lauten auf gluk=gluk=gluck glrokloklok=
glrukrüklrük.

Klang: Glucke und Rolle vereint, lassen das Ganze als eine
unterbrochene Rolltour erscheinen; jede einzelne Silbe hat
ein „r", das ihr die rollende Form gibt; jede Silbe ist von
der nachfolgenden durch eine kleine Pause getrennt, sodaß
man eine kaum merklich abgesetzte Reihe von Rollsilben
hört. Die Unterbrechung wird durch den Glucklaut „g"
besonders markiert. Wie bei allen anderen Touren hängt
der Klang von der Reinheit und Fülle des Grundtones,
von der Weichheit der Konsonanten und der Silben=
verbindung ab. Der unreine Vokal klingt näselnd, der
starke Konsonant klingt gezackt und hart, die langsame
Silbenverbindung läßt die Tour locker, klapperig, wässerig
erklingen, ist also schlecht im Klange. Auch für die Gluck=
rolle benötigt der Vogel einen starken Luftstrom und
Kraft, damit die vielen raschen Schwingungen einen runden,
vollen Ton erzeugen können. Die schönste Klangform hat
die tiefe Hohlgluckrolle.

Bedeutung: Gluckrollen treffen wir häufiger an. In tiefen
Lagen bilden sie herrliche Tonpassagen und bereichern so
das Lied. Schon die tiefe Veranlagung dieser Tour be=
rechtigt zu besserer Einschätzung; denn alle tiefen Touren
sollen und müssen gepflegt werden.

Bewertung: Die Wertung fällt mit den Glucken zusammen.

Die genügende Gluckrolle erhält 1—2 Punkte,
bie gute 　　　 „ 　　 „ 　 3—4 　 „ ,
bie sehr gute 　 „ 　　 „ 　 5—6 　 „ .

# Fehlertouren.

Als Fehler können beim Kanarienliede alle Touren und Tonstücke angesehen werden, welche den Anforderungen auf Reinheit und Wohlklang mehr oder minder nicht entsprechen. Jede Werttour kann demnach fehlerhaft ausfallen und hat dann keinen Anspruch mehr auf Wert.

Bei der Einzeltourenbesprechung wurde die fehlerhafte Aus= artung der Werttouren erwähnt und sei darum hier noch kurz eine Aufstellung gegeben:

1. Hohlrolle: näselnd, breit, wässerig, krätzig, matt, dünn;
2. Knorre: näselnd, breit, schnarrig, wässerig, knarrig, knatternd, rätschend, flach;
3. Koller: näselnd, locker, flach;
4. Schockel: näselnd;
5. Hohlklingel: näselnd, hüpfend, schleppend, bellend, hart;
6. Glucken: näselnd, glatt, flach, klappernd, hochklickernd;
7. Wasserrollen: näselnd, breit, hart, scharf;
8. Klingeln: näselnd, hüpfend, stoßend, spitz, dünn, schrill, scharf, schleppend, schnetterig;
9. Klingelrollen: näselnd, hart, breit, flach, scharf;
10. Schwirren: näselnd, scharf, hart, breit, flach, schrill, dünn, schnetterig;
11. Pfeifen: näselnd, hart, scharf, stoßend, spitz, dünn.

Außer den fehlerhaften Werttouren gibt es noch andere, sogenannte falsche oder Fehlertouren, die ob ihrer Häßlichkeit dem edlen Liede sehr gefährlich werden können. Es sind dies

1. Aufzug;
2. Locken und Lauten;
3. Zitt, Schnetter, Schnatter, Schapp.

### 1. Der Aufzug.

Struktur: Grundtöne: „i, e, ä, ö, ie".

Konsonanten: „tz, tr, ck, g, b, st".

Silbenverbindung: „tzri, striß, gritz, ritsch, ritz, retsch".

Klang: Hinsichtlich des Klanges gibt es weiche, leise, lange, kurze, schwache, harte, schrille und scharfe Aufzüge. Die Konsonanten werden mitunter scharf hinausgestoßen in Verbindung mit den minderwertigen Vokalen; der Schnabel ist dabei weit geöffnet. Bei schwächeren Aufzügen ist die Schnabelöffnung unbedeutend.

Entwertung:
schwache, leichte, gelinde Aufzüge erhalten 1 Punkt Abzug,
harte, kurze            „        „   2 Punkte   „ ;
schrille, lange, scharfe      „        „   3    „      „ .

## 2. Locken.

Darunter versteht man die sogenannten „Beiwörter", welche die Vögel dem Liedbeginn einleitend vorausschicken oder mitten im Liede einschalten. Bei dem modernen Vogel sind sie kaum noch zu finden. Der Kunst der Züchter ist es gelungen, das Edellied von diesen Fehlerformen zu säubern. Dennoch trifft man ab und zu einen solchen Vogel an. Die Beiwörter lauten auf: wid — wib; ib, ib, wis — wis (Wispeln); will — will; zik — zick; zitt — zitt; siff, siff, siff; zep, zep, hie, ei, wei und ähnliche häßliche Laute. Für ihre Entwertung dürfen bis 6 Punkte in Abzug gebracht werden.

## 3. Zitt, Schnetter, Schnatter.

Struktur und Klang: Auch diese 3 Fehler sind beim heutigen Vogel in der sehr gefährlichen, wie häßlichen Form nicht mehr so häufig zu finden. Die Zitt=Tour entsteht, wenn die Beiwörter zitzit in einer längeren Folge gesungen werden. Schnettern entstehen aus flachen, klanglosen, harten oder breiten Schwirren, Klingeln und aus den Bei= wörtern dschedschedsched usw.

Schnatter ist die Schwester der Schnetter; sie lautet auf dschab — dschab und bildet die Vorstufe zur Schapper zschepp zschapp tschziapp. Bei der Schnatter und Schapper bewegt sich der Unterschnabel kräftig auf und ab.

Entwertung: Zitt, Schnetter, Schnatter, Schapp sind prämiie= rungsunfähig, d. h. sie haben keinen Anspruch auf Bewertung und sind zur Weiterzucht für den Edelgesang nicht zu empfehlen.

# Das Kanarienlied-Bewertungsfystem.

Über das Bewertungsfystem des Weltbundes wurden schon so verworrene und mit Absicht entstellte Abhandlungen geschrieben, daß es dringend nötig erscheint, das ganze System zu besprechen, um Aufklärung und Belehrung in alle Kreise der Kanarienzüchter zu bringen.

## 1. Prinzipien.

Zur Feststellung des Wertes eines Kanarienliedes bedient man sich der Punktbewertung. Das ganze Lied wird zu diesem Zwecke in seine einzelnen Teile (Touren) zerlegt und jede einzelne Tour wird auf ihre Qualität, ob genügend, gut oder sehr gut, untersucht und dann gewertet. Diese Bewertung heißt die Einzeltourenbewertung. Da bei der Bewertung der persönliche Geschmack und die persönliche Ansicht, persönliches Gefühl jeden Liedkenners verschieden sind, mußte man, um eine einigermaßen objektive, einheitliche Bewertung herbeizuführen, Grundsätze oder Prinzipien aufstellen, die die ganze Materie sichten, regeln und ordnen. Diese Grundsätze lassen sich nur in einem System verkörpern. Ohne systematische Grundlage läßt sich eine einheitliche Liedbewertung allüberall nicht durchführen. Was ist nun ein System?

Wissenschaftlich-theoretisch bedeutet System ein gegliedertes Ganze, das heißt ein solches, dessen sämtliche Teile in einem einheitlichen Zusammenhange miteinander stehen oder einem gemeinsamen obersten Prinzipe oder Gesetz sich unterordnen. Sobald wir von einem Prämiierungssystem wissenschaftlich reden wollen, müssen wir stets das Ganze einheitlich zergliedern und diese einzelnen Teile dann zusammen als systematisches Ganze in der Skala verbinden.

Für eine solche Aufstellung müssen selbstverständlich Erfahrung und lange Praxis die grundlegenden Prinzipien be=

stimmen, falls das System überhaupt praktischen Wert haben soll. Daß wir einen systematischen Aufbau der Prämiierungs= art brauchen, um nach Grundsätzen, nicht aufs Geratewohl zu prämiieren, ist unbestritten; nur die Art und Weise der Kon= struktion der Prämiierungsweise läßt den verschiedensten An= sichten Spielraum. Wir haben uns vier Richtlinien bei der ganzen Zusammenstellung stets vor Augen zu halten:

1. daß alles, was dem Lied sein Gepräge verleiht, was Ein= fluß auf den Wert des Liedes hat, prämiiert wird;
2. daß nicht ein und dasselbe zweimal prämiiert wird (Doppelprämiierung);
3. daß jeder Vogel, auch der mittlere und geringe, zu seinem vollen Rechte bei der Prämiierung kommt;
4. daß die ganze, gesamte Zuchtrichtung auf Vielseitigkeit im Gesange durch den Prämiierungsmodus hingedrängt wird.

Wie bauen wir nun unsere Prämiierungsskala systematisch auf, um die genannten Zwecke zu erreichen?

Wir zerlegen den ganzen Gesangsvortrag in seine ein= zelnen Teile:

1. die Einzeltouren,
2. Klangbild des Gesamtvortrages.

## I. Die Einzeltouren.

Die einzelnen Gesangsstrophen teilen wir wieder in Wert= und Fehltouren. Bei der Einzeltour ist folgendes maßgebend für die Punktzahl:

1. die Tonhöhe, Tonlage der Tour;
2. die Reinheit des Tones (Gegensatz näselnd, unsauber);
3. Schmelz und Metall des Tones, Klang;
4. Fülle des Tones (rund, voll. — Gegensatz: breit, dünn, flach);
5. Tonstärke (markig, fest, laut. — Gegensatz: schwach, leis);
6. die Länge der Tour.

Um diese sechs charakteristischen Bestimmungsgrade des Wertes der Einzeltour zu berücksichtigen, ist im System für die Einzeltour eine Differenz in der Punktzahl zwischen der Minimal= zahl 1 und einer Maximalzahl gegeben; z. B. für die Hohl=

rolle 1, 2, 3, 4, 5, 6, 7, 8, 9 Punkte. Die Werttouren er=
halten Pluspunkte, die Fehlertouren Minuspunkte.

Die Maximalzahl für eine Tour bestimmen nicht nur
klanglicher Wert, sondern auch Bedeutung einer Tour für die
Stammeszucht und Förderung des Edelliedes.

## II. Klangbild des Gesamtvortrages.

Außer den vorstehenden sechs Merkmalen zur Liedbestim=
mung sind weiter zu berücksichtigen: die Art und Weise wie
die Touren unter sich zusammenhängen, Zug und Verbindung,
ihre Reihenfolge, deren Wechselwirkung, die Wiederholung der=
selben Tour im Liede, die Anzahl der sehr guten Touren, die
harmonische oder disharmonische Gliederung des Liedes und
ihre Wirkung auf das musikalisch fühlende Ohr, sowie har=
monische Vereinigung der guten wie minderwertigen Touren
und Laute zu einem gebundenen, geschlossenen Liede. Dies
alles zusammen gibt ein klingendes Bild, das wir Klang=
bild des Gesamtvortrages nennen und bewerten müssen.

Diese Prinzipien dürfte wohl jeder sach= und fachkundige
Gesangskenner als unanfechtbar anerkennen.

### 2. Konstruktion der Tourenprämiierungsskala.

Wie läßt sich auf dieser unanfechtbaren systematischen
Grundlage eine Einzeltourenbewertungsskala aufbauen?

1. Der Weltbund sagt: Punktbewertungen müssen auf einer
realen Basis aufgebaut sein, die jederzeit bei der Be=
wertung des Liedes die soeben angeführten fundamentalen
Grundzüge der Bewertungsweise vor Augen stellt. Da=
durch garantiert das System als solches eine feste, einheit=
liche unanfechtbare Bewertung, die nur durch nicht hin=
reichend unterrichtete Preisrichter falsch dargestellt und so=
mit angefochten werden kann. Das System trifft in
diesem Falle aber keine Schuld.

2. Für die Einteilung der Touren und ihre Wertabschätzung
werden die drei Prädikate genügend, gut und sehr
gut als Grundlage zum System genommen. Es ent=
spricht diese Dreiteilung auch der bisherigen Bewertung
nach 1., 2. und 3. Preisen; diese Dreiteilung bildet auch

im Leben der Menschen und Völker für jede Bewertung naturgemäße Grundlage, sie ist auch wissenschaftlich anerkannt und läßt sich auf alle Gesangserscheinungen und Gesangsteile im Kanarienliede anwenden.

3. Was besser klingt erhält höhere, das klanglich weniger Gute niedrigere Wertpunkte (Pluspunkte); was schlecht und schlechter klingt, erhält dementsprechend Abzugspunkte (Minuspunkte).

Darnach zerfallen die Werttouren in folgende drei Klassen:

    a) die genügende Klasse, bestehend aus Touren in hohen Lagen,

    b) die gute Klasse, bestehend aus Touren in mittleren und tiefen Lagen,

    c) die sehr gute Klasse, bestehend aus Touren in tiefsten Lagen.

Die Fehlertouren gliedern sich ebenfalls in drei Klassen.

    a) leichte und mittlere Fehler,

    b) grobe Fehler,

    c) sehr grobe Fehler.

4. Die genügenden Werttouren. Der Preisrichter muß einen Spielraum haben, um den kleineren Werttouren gerecht zu werden, je nachdem die Tour genügend, gut oder sehr gut klingt. Für genügenden Klang braucht er 1, für guten Klang 2, für sehr guten Klang drei Punkte.

Jede, auch die geringste Tour kann mindestens in den drei Qualitäten genügend, gut, sehr gut vorkommen. Drei Qualitäten bedingen aber auch drei Punkte. Somit ist die innere, sachliche Berechtigung für die drei Punkte erbracht.

Zu den genügenden Werttouren zählen wir die Schwirren, die Klingelrollen und Klingeln. Für Klingel, Schwirre und Klingelrolle ist nebst ihrem Klang die hohe Lage mit geringem Tonumfang für die Einreihung unter die genügenden Gesangsstücke maßgebend.

Mit dieser Klassifizierung sind Klingel, Klingelrolle und Schwirre in ihrem idealen Klangwerte gleichgestellt. Es sind nun Meinungen aufgetaucht, welche behaupten, die Schwirre könne nie so schön sein wie eine Klingel, die Klingel könne nie so schön sein als eine Klingelrolle, also

seien die drei Punkte für a l l e drei Touren unrichtig.
Darauf muß folgendes erwogen werden:

a) Klingel, Schwirre und Klingelrolle haben als Grundton den Vokal „i“. Dieses „i“ kann in hohen Lagen
bei allen drei Touren gleichvoll, gleichdünn und gleich-
zart in gleicher Reinheit und gleicher Stärke gebracht
werden. Das wertvolle „i“ verliert nichts an seinem
Klang, ob es zart gerollt, zart geklingelt oder zart ge-
schwirrt gesungen wird. Aus der Gleichheit des Grund-
vokals „i“ ergibt sich auch die Möglichkeit des Gleich-
lautens und somit die Berechtigung für Forderung auf
Gleichstellung im Werte.

b) Es gibt genügend klingende Klingeln, Schwirren
und Klingelrollen. Der genügende Klang verlangt doch
mindestens **einen** Wertpunkt.

Es gibt gut klingende Klingeln, Schwirren und Klingelrollen; da sie besser klingen als die genügenden, müssen
sie auch besser bewertet werden, also mit zwei Punkten.

Es gibt sehr gute Klingeln, Schwirren und Klingelrollen, da diese noch besser klingen als die guten, müssen
doch drei Punkte eingestellt werden, soll eine richtige Bewertung stattfinden.

Aus diesen Klarlegungen geht hervor, daß die Gleichstellung innerlich begründet und berechtigt ist. Das System
gibt dem Züchter diese Skala an die Hand. Sie stellt
ihm drei Wertteile zur Verfügung. Sein persönliches
Empfinden muß an den ihm vorgestellten Vögeln entscheiden, was besser klingt, die Klingel, die Klingelrolle
oder die Schwirre. Stellt er nun z. B. drei Punkte ein
für eine genügende Schwirre, so macht er seine Sache falsch.
Denn das System lehrt anders, es ist objektiv. Das
System für einen Fehler verantwortlich machen zu wollen,
wäre geradeso, als wenn ich jemanden 3 M. gebe zum
Ankaufe eines Hutes; er kauft sich einen Hut, der höchstens
1 M. wert ist und gibt dafür 3 M. Wer trägt nun
die Schuld, der Geldgeber, der die 3 M. hergibt, oder
der Käufer, der in seiner Unkenntnis zu viel gegeben?

Aus diesen Beispielen geht wiederum ganz deutlich hervor, daß das System unanfechtbar, also objektiv ist und
für persönliche aus Unkenntnis und Leichtsinn entstehende
Fehler des Prämiierenden nicht verantwortlich gemacht

werden kann. Das System fordert Gerechtigkeit für alle, auch die kleinsten Touren. Das System will, daß alles, was einer klanglichen Ausbildung fähig ist, gefördert und nicht unterdrückt werde. Das System erleichtert dem Züchter die Einführung in die Tourenbewertung, es veranlaßt ihn, sein Ohr zu schärfen auf die feinen und feinsten Klangunterschiede auch bei den genügenden Touren. Die Prädikate genügend, gut, sehr gut, wie sie das System zur Grundlage genommen, könnten durch nichts Besseres ersetzt werden.

5. Die guten Werttouren: Schockeln, Hohlklingeln, Glucken, Wasserrollen und Pfeifen. Für die guten Touren muß eine höhere Punktzahl eingesetzt werden, um die besser klingenden Gesangsteile auch besser bewerten zu können. Es sind im System sechs Punkte aufgestellt, deren Vergebung wie folgt gedacht ist:

gute Touren von genügendem Klang erhalten 1—2 Punkte,

    „    „    „  gutem    „    „  3—4  „ ,

 .  „    „    „  sehr gutem  „    „  5—6  „ .

Da die guten Touren in Mittel- und Tieflagen sich bewegen, ist ihr Umfang größer, ihre klangliche Rundung verschiedenartiger als bei den genügenden Touren. Somit ist die Erhöhung des Spielraumes von 1 auf 6 Punkte innerlich sachlich berechtigt. Da bei der heutigen Bewertung auch die Lagen der Touren nebst der Reinheit für den Wert den Ausschlag geben, ist durch diese systematische Gruppierung einem wichtigen Faktor Rechnung getragen.

6. Die sehr guten Touren Hohlrolle, Knorre, Koller. Für die sehr guten Touren mußte eine Punktzahl festgesetzt werden, die über jener der guten Touren liegt. Das System hat neun Punkte angewiesen und begründet den erhöhten Wert durch den größeren Tonumfang, die tieferen Lagen, die herrliche Tonfülle und die abwechselungsreiche Modulations- und Variationsmöglichkeit.

Die Vergebung der 9 Punkte bestimmt das System wie folgt:

sehr gute Touren von genügendem Klange erhalten 1, 2—3 Wertpunkte, sehr gute Touren von gutem Klange erhalten 4, 5—6 Wertpunkte,

sehr gute Touren von sehr gutem Klange erhalten 7, 8—9 Wertpunkte.

Bei der Verteilung von bis neun Punkten nach den verschiedenen Qualitäten sind die Prädikate genügend, gut und sehr gut dem Prämiierenden willkommene Stützen und Richtpunkte. Hat man z. B. vier Vögel vor sich stehen, welche sämtliche verschiedenartige Hohlrollen bringen, so konstatiert der Prämiierende zunächst: ob sie genügend, gut oder sehr gut sind. Ich nehme an, er stellt fest:

Nr. 1 hat eine gute Hohlrolle, er gibt ihr 4 Punkte,

Nr. 2 hat sie besser, aber nicht sehr gut, er gibt 5 Punkte,

Nr. 3 hat die Hohlrolle besser als Nr. 1 und 2, er gibt 6 Punkte.

Nr. 4 hat die schlechteste Hohlrolle unter den Vieren, sie erhält 3 Punkte.

Die Prädikate genügend, gut und sehr gut ermöglichen es, daß der Preisrichter seine beim Abhören der Touren gewonnenen Empfindungen leichter und richtiger niederschreiben kann. Die Gedankenprämiierung, die Empfindungsprämiierung, kommt durch die 3 Anhaltspunkte — ob genügend, gut, sehr gut — viel sicherer und präziser zur Niederschrift. Bei jeder Tour frage sich nur der Preisrichter, ob sie genügend, gut oder sehr gut klingt und er wird die richtige Punktzahl, welche ihm das System zur Verfügung stellt, mit Leichtigkeit finden.

So sind die Dreiteilung der Touren, sowie die Dreiteilung der Tourenwerte im System auf der natürlichen und vernünftigen Grundlage geboren und aufgebaut. Das System steht auf dem objektiven Boden der Sachlichkeit und schließt alle möglichen Gesangserscheinungen an die Praxis an.

Es gibt keinen Preisrichter, der nicht im Stillen die drei Prädikate genügend, gut, sehr gut, zu Hilfe nimmt, wenn er die Punktzahl für eine Tour einstellt. Es lag darum nichts näher, als diese Dreiteilung in ein Bewertungssystem aufzunehmen und sie in der Skala zum Ausdruck zu bringen.

In manchen Züchterkreisen wird die Dreiteilung bekämpft und es werden andere Normen, eine differenzierte Skala, für

für die Liedeinteilung vorgeschlagen. Man stellte sich z. B. auf den Standpunkt:

die Hohlrolle erhält bis 9 Punkte,
die Klingel „ „ 2 „ .

Damit soll zum Ausdruck gebracht werden, daß der besten Klingel nur der 4½ Teil des Wertes einer Hohlrolle zukommt. Demnach müßte z. B. die feinste, reinste Klingel mit 2 Wertpunkten einer zwar tiefen, aber rauhen, unklaren, kaum genügenden Hohlrolle klanglich gleich sein. Fragen wir aber unser Empfinden, so wird es sagen, das stimmt nicht! Die Klingel ist wertvoller. Demnach kann diese vergleichende Norm nicht aufgestellt werden. Wollte man sie aber aufstellen, so müßte man für die Hohlrolle viel mehr als 9 Punkte annehmen, um das Proportionsverhältnis bezüglich der Höchstpunktzahlen einwandfrei festzustellen. Und wer will das gerade so genau ausrechnen, daß die beste Klingel 4½mal weniger Wert hat als die Hohlrolle? Nach dieser Theorie hätten also die besten Pfeifen den 2¼ Teil Wertklang der feinsten Hohlrolle. Aus diesen Ausführungen dürfte jedem denkenden Züchter klar werden, daß man solche Grundsätze, welche alles nach der Hohlrolle abmessen, nicht einer objektiven, unanfechtbaren Bewertung zugrunde legen kann.

Nach solchen Grundsätzen wäre z. B. die Hohlrolle mit 9 Punkten 1²/₇ mehr wert als die beste Knorre mit 7 Punkten. Wie wollte man überhaupt den Höchstwert einer Knorre an der Hohlrolle abmessen? Beide Touren sind doch klanglich zwei verschiedene Dinge. Hier ist neben dem Wohlklang auch die Bedeutung der Knorre als tiefe Stamm- und Muttertour ausschlaggebend. Und nach diesen objektiven Gesichtspunkten beurteilt und eingeschätzt, sind sie für die Edelzucht gleichwertvoll.

Die sogenannte „differenzierte Skala" entbehrt der natürlichen Grundlage. Differenzierte Liedwerte notiert der Preisrichter auf den Prämiierungsbogen und ist diese Differenzierung (Festsetzung des Klangunterschiedes) individuell, d. h. bei jedem Vogel verschieden.

Es ist zur Begründung der Vorzugsstellung der Hohlrolle auch gesagt worden: Ein Vogel ohne Knorre kann wohl ein 1. Preisvogel sein, nicht aber ein Vogel ohne Hohlrolle; deshalb müsse die Hohlrolle über alle anderen Touren gestellt werden. Untersuchen wir diese interessante Behauptung:

Ein Vogel singt:

tiefe Hohlknorre mit kullernden Schwingungen 7 Punkte,
reine Hohlklingel . . . . . . . . . . 4 „ ,
gute Pfeifen . . . . . . . . . . . . 3 „ ,
nochmals Hohlknorre
darauf Schockel, voll und tief, gerade . . . 4 „ ,
wieder Pfeifen und dann
eine saubere Klingelrolle . . . . . . . 2 „ ,
bei gutem Klangbilde . . . . . . . . 4 „ .

Es macht der Vogel an Einzeltourenwerten 24 Punkte
$\times$ 3
72 Punkte.

Sollte ein solcher Vogel heute keinen 1. Preis erhalten,
wo wir die herrlichen Knorren haben? Ich meine ja. Abgesehen davon, daß es selten vorkommt, daß ein Vogel keine
Hohlrolle bringt, ist es doch nicht richtig, wenn behauptet wird,
ein Vogel könnte keinen 1. Preis erhalten, weil die Hohlrolle
fehlt. Wenn natürlich ein Vogel nur ein genügendes Knörrchen
mit 2 Punkten hätte, wäre er ohne Hohlrolle wenig wert:

Ein anderes Beispiel:

Ein Vogel beginnt mit
guten Pfeifen . . . . . . . 2 P., geht in
gute geschlossene Knorre über . . 4 „ bringt alsdann
eine gute Hohlklingel mit . . . 4 „ geht über in
eine gute Knorre, setzt darauf
eine kullernde Hohlwasserrolle mit 6 „ ein, bringt
darauf eine tiefe Schockel mit . . 4 „ bringt einen
kurzen Aufzug mit 1 Punktabzug und setzt nochmals eine kurze Knorre darauf.
Der Vortrag ist flüssig und gebunden, das Klangbild schön . . 5 „
Der Vogel ist ohne Klingel, Klingelrolle und Hohlrolle und singt zusammen . . . . . . . . . 25 Punkte
ab 1
$24 \times 3 = 72$ Punkte.

Ist das vielleicht kein 1. Preisvogel?

Die Zeiten ändern sich und mit ihnen die Vögel. Vor 10 und 12 Jahren mögen Vögel ohne Hohlrollen keine 1. Preisvögel gewesen sein, aber heute haben wir einen weit besseren Gesang. Während die Hohlrolle sich so ziemlich gleich geblieben ist, haben sich unsere Knorr=, Koller=, Gluck= und Wasserrollenstämme prächtig vervollkommnet.

Aus den angeführten Tatsachen geht hervor, daß das System des Weltbundes mit der dreiteiligen Skala hoch über allen andern Skalen steht, welche die Hohlrolle unberechtigterweise über die anderen Stammestouren stellen. Es begünstigt die allseitige Förderung aller Edeltouren.

---

## Das Klangbild des Gesamtvortrages.

Die vielen Gesangstouren unserer Kanarien haben nur ganz geringen Wert, wenn sie ohne Verbindung, ohne Zusammenhang, stückweise gebracht werden. Durch das Aneinanderreihen der einzelnen Touren entsteht ein Lied. Das Lied ist umso schöner, je mehr Klang es entfaltet. Der Klang aber wird gebildet aus der Qualität der einzelnen Touren, die da zusammengezogen werden. Aus genügenden Touren entsteht kein besonders feiner Klang; aus guten und tiefen Touren bildet sich bei guter Verbindung, reichlicher Abwechselung in den Lagen, bei öfterer Wiederholung edler, reiner Tieftouren, bei Fehlerlosigkeit ein hervorragend wertvoller Klang. Die Gesamtwirkung aller Touren, wie sie vom Vogel zum Liede zusammengefügt werden, nennt man das Klangbild des Gesamtvortrages. Die Bezeichnung „Vortrag" ist nicht hinreichend, all das zu umfassen, was im Klangbilde zum Ausdruck kommen muß. Es kann z. B. ein 3. Preisvogel sein Lied gut vortragen, ohne ein gutes Klangbild zu liefern, z. B. ein Vogel singt

| | | |
|---|---|---|
| Klingelrolle . . | mit 2 | Punkten, |
| Hohlklingel . . | „ 3 | „ , |
| Pfeifen . . . | „ 2 | „ , |
| Mittlere Hohlrolle | „ 4 | „ , |
| „Vortrag" . . | „ 2 | „ , |

Das gibt zusammen 13 Punkte $\times$ 3 $=$ 39 Punkte,
$=$ III. Preis.

Es sind keine Fehler vorhanden. Die 4 Touren werden recht schön verbunden, sie sind rein und klar, wiederholen sich in einem Vortrage 3—4 mal in der Reihenfolge Hohlrolle, Hohl= klingel, Klingelrolle, Pfeifen. Fragt man sich bei diesem Liede, wie ist der Vortrag? so muß man sagen: gut, denn es ist ein guter Zug drinnen, die Übergänge aus einer Tour in die andere sind weich und glatt, die Touren werden öfters wieder= holt, sie sind auch rein 2c. Fragen wir aber: Was für ein Klangbild geben diese 4 Touren? Sie geben uns ein geringes, monotones, leierhaftes, langweiliges, fades Klangbild, trotz des guten Vortrages, sie geben uns das Klangbild von einem Bimmelvogel,

1. weil zu wenig Touren,
2. weil keine Tieftouren vorhanden sind.

Ein Vergleich.

Ein einfaches, leichtes Musikstück kann recht exakt und fehlerlos vorgetragen werden. Ein besonders schönes Klangbild gibt es jedoch nicht, trotz des tadellosen Vortrages; denn das Klangbild wird umso schöner, je reicher, je komplizierter, je wertvoller die Tonfiguren und Tonpassagen des Musikstückes sind und je glatter und leichter die technischen Schwierigkeiten dabei überwunden werden. Aus diesem Vergleich geht hervor, daß neben der Vortragsweise auch der Inhalt des Stückes für den Wert des gesamten Klangbildes in Betracht kommt.

Auf das Kanarienlied angewendet, versteht man unter Vor= trag nur die Überwindung technischer Schwierigkeiten beim Zu= sammensetzen der Touren, ohne dem **Liedinhalte** eine besondere Einschätzung geben zu müssen. So kann einem Bimmelvogel für Vortrag die höchste Punktzahl zugesprochen werden müssen, wenn sein Vortrag flott und fehlerfrei ist. Das Klangbild ist aber etwas anderes als Vortrag. Zu einem schönen Klangbild gehört Tourenreichtum. Das Klangbild legt Hauptwert auf den Inhalt des Liedes. Dieser aber wird durch das Vor= handensein von tiefen Touren wertvoll. Er wird wertvoller, wenn mehrere tiefe Touren auftreten. Diese in Verbindung mit den mittleren und höheren Touren vorgetragen, entrollen vor unserem Ohre ein Bild von abwechselungsreichem Klange, das Klangbild. Der Vortrag der Touren ist immerhin ein wesentlicher, jedoch nur untergeordneter Be= standteil des Klangbildes.

Unter Klangbild fällt auch die Wiederholung einer Tour. Wird eine Tour zweimal gesungen, so darf sie nicht zweimal als Einzeltour bewertet werden, denn das wäre ja eine Doppelbewertung. Die schönste Form der Einzeltour wird in diesem Falle mit Punkten eingestellt, ihre Wiederholung aber kommt im Klangbild zur Wirkung und Wertung, denn tatsächlich wird das Klanggebilde durch die Wiederholung namentlich einer tiefen Tour schöner. Nicht der Vortrag wird durch die Wiederholung der Tour besser, sondern das Klangbild, das Lied, wird schöner.

Daß gerade die Tiefe dem Klangbild eine wesentliche Erhöhung bringt, geht aus dem Gesagten klar hervor. Unser ganzes Streben richtet sich nach der Tiefe. Da aber leichte Bimmelvögel schon einen guten Vortrag haben können, so ist die Bezeichnung „Vortrag" nicht am Platze und es muß zur Vermeidung von Mißverständnissen und zur korrekten, richtigeren Ausdrucksweise an der Bezeichnung „Klangbild des Gesamtvortrages" festgehalten werden.

Für die Bewertung des Klangbildes ist auch maßgebend, wie die Tongebilde in ihrer Gesamtheit auf das Ohr wirken. Wie die Schönheit eines Blumenstraußes z. B. nicht allein abhängt von den dazu verwendeten Blumen, sondern von deren Zusammenstellung, von dem ganzen Arrangement, so hängt auch die Güte des Kanarienliedes nicht nur von der Güte der Einzeltouren allein ab, sondern von der Art und Weise, wie diese Touren abwechselnd miteinander verbunden, wie sie rhythmisch und melodisch ineinander verflochten sind. Wie im Bukett jede auch die unscheinbarste Blume zur Reichhaltigkeit und Verschönerung der Gesamtansicht dienen kann, so kann auch im Kanarienlied eine sonst geringe Tour in guter Form, an der richtigen Stelle im Liede eingeschaltet, das Klangbild bereichern und verschönern.

So greift eins ins andere und wenn wir unsere Vögel von diesem vernünftigen und gerechten Standpunkte beurteilen, müssen wir die Zweckmäßigkeit und Richtigkeit der Rubrik Klangbild rückhaltlos anerkennen.

Das genügende Klangbild kann 1—2 Punkte erhalten,
das gute         „         „   3—4   „       „   ,
das sehr gute     „         „   5—6   „       „   .

Welche Tourenfolge verschönert das Klangbild? Hohlrolle nach tiefer Knorre; Schockel auf Hohlrolle, Hohlklingel oder Klingel; Pfeifen nach der Schockel oder Hohlklingel; Hohlklingel nach der Knorre; kullernde Wasserrolle nach der Knorre; Glucke nach Schockel, Hohlklingel; Hohlgluckrolle nach der Knorre; Koller nach Schockel und Pfeifen; jede Wiederholung tiefer Edeltouren.

Was klingt nicht besonders schön? Klingel nach Knorre, Gluckrolle, Hohlrolle, überhaupt der unvermittelte Übergang aus einer tiefen in eine hohe Tour; umgekehrt ist die Klangwirkung dem Ohre angenehmer.

Es sind nun in neuerer Zeit in Kanarienzüchterkreisen die 6 Punkte für Vortrag auf 3 und 4 Punkte herabgesetzt worden, weil manche Einzeltouren sich unerwartet schön entwickelt und vervollkommnet haben und deshalb im Höchstwerte aufgebessert werden mußten. Dieser gesangliche Fortschritt, der heute von jedem Züchter rückhaltlos anerkannt wird, ist durch die Herabsetzung der Vortragspunkte schmählich mißachtet worden. Was man hier aufbessert, zieht man dort ab. Der Weltbund kann diese Kürzung nicht gut heißen und zwar aus rein sachlichen Gründen.

1. Wie ich schon erwähnt habe, wollen wir im Klangbilde nicht nur den Vortrag, sondern auch den Inhalt des Liedes bewerten. Der Inhalt des Liedes aber ist durch die verbesserten Touren auch verbessert worden — in die Praxis z. B. übersetzt: Wo im tiefen Liede anstelle der einfachen Rollknorre jetzt eine kullernde Hohlknorre getreten ist, ist das ganze Klangbild wesentlich verschönert worden. Die Konsequenz hieraus spricht demnach eher für eine Erhöhung als eine Herabsetzung des Klangbildes. Es wäre darum unlogisch, wenn auf der einen Seite die Punkte für großartige Leistungen erhöht, auf der andern Seite für Klangbild gekürzt würden.

2. Ein weiterer sachlicher Grund besteht darin, daß die große Mannigfaltigkeit des Klangbildes einen Spielraum von mindestens 6 Punkten erfordert. Mit 3 oder 4 Punkten ist der Spielraum zu klein. Bei 3 Punkten bedeutet es einen Ausfall von $3 \times 3 = 9$ Punkten an einem Vogel; an 1 Stamm macht das $4 \times 9 = 36$ Punkte aus — also: Weil der Kanariengesang einen großen Aufschwung genommen hat, soll 1 Vogel um 9 Punkte, 1 Stamm um 36 Punkte gekürzt werden! Das ist eine falsche Logik, welcher der Weltbund nicht zustimmen kann aus sach-

lichen Gründen. Ebenso ist es mit den 4 Punkten. An
1 Vogel macht es $3 \times 2 = 6$ Punkte aus — am Stamm
$4 \times 6 = 24$ Punkte, die ein Vogel weniger bekäme als
bisher.

Bis zum Jahre 1910 hatte man an dieser Stelle 8 Punkte;
jetzt nach 3 Jahren sollen ihrer 3 bezw. 4 Punkte genügen, das ist ein Ausfall innerhalb der 3 Jahre von
15 bezw. 12 Punkten bei 1 Vogel oder 60 bezw. 48
Punkten bei einem Stamme. Und das alles — weil
der Kanariengesang einen Aufschwung genommen hat!

Der Weltbund hält an den 6 Punkten fest. Sie entsprechen dem Bedürfnis zur Bewertung der Mannigfaltigkeit der Klangbilder, sowie der Entwickelung der Gesangstouren, obwohl es in Ausnahmefällen noch vorkommen
kann, daß sogar 9 Punkte für Klangbild ein Vogel red-
lich verdient hätte. Bei gleicher fortschreitender Entwickelung des Kanariengesanges ist es nicht vorauszusehen,
wie hoch sich hier der Wert nach Jahren noch steigern
wird. Es ist deshalb besser, etwas objektiver und weit-
schauender zu denken und eine Punktzahl einzustellen,
die für längere Zeit ausreicht, als fortgesetzt an den Höchst-
werten herumzuflicken.

## Die Fehlertouren in der Skala.

Jede Werttour kann fehlerhaft klingen und können dafür
in der Minusrubrik Abzüge gemacht werden, sofern in der Skala
der Fehlertouren die Tour nicht eingetragen ist.

Die am häufigsten vorkommenden Fehler sind in der Skala
in folgenden drei Klassen aufgeführt:

1. leichte und mittlere Fehler mit bis 3 Abzugspunkten:
   Schwirre, Aufzug, Pfeifen.
   Der gelinde Mißklang erlaubt 1 Abzugspunkt,
   der stärkere     „      „    2 Abzugspunkte,
   der schärfste    „      „    3       „

2. grobe Fehler mit bis 6 Abzugspunkten:
   Klingel, Schnarre, Locken, Nasentouren.
   Der gelinde Mißklang gestattet 1—2 Abzugspunkte,
   „ gröbere     „      „    3—4       „      ,
   „ gröbste     „      „    5—6       „      .

3. **Sehr grobe Fehler** schließen von der Prämiierung aus. Hierzu gehören:

Schnetter, Schnatter, Zitt und Schapp.

### Preisskala.

20 und weniger Punkte kein Preis,
21—40     „     III.     „ ,
41—60     „     II.      „ ,
61—90     „     I.       „ .

### Stammesharmonie.

Bei Bewertung eines Stammes von 4 Vögeln hat das Weltbundbewertungssystem eine weitere Rubrik eingeschaltet, die Stammesharmonie.

Hat man nur einzelne Vögel zu bewerten, ohne Rücksicht auf ihren Ursprung, auf ihre Stammesherkunft und Zugehörigkeit, so braucht man keine Bewertung für Stammesharmonie. Werden aber auf Ausstellungen „Stämme" zu je 4 oder 6 Vögeln verlangt, so ist doch irgend eine Absicht dabei, soll das Wort „Stamm" irgend eine Bedeutung haben. Und es hat noch Bedeutung. Der Weltbund sagt dazu: „Stammesharmonie ist eine gewisse Ähnlichkeit des Gesanges sämtlicher Vögel des Stammes hinsichtlich der Touren, Tourenverbindungen, der Tonlage und der Klangfarbe. Bei einer solchen Stammes=ähnlichkeit hören wir mehrere Lieder und obwohl der eine Vogel z. B. Klingel singt, während der andere Knorre, der dritte Hohlrolle, der vierte Hohlklingel bringt, hören wir ein harmonisches Zusammentönen gleicher und verwandter Stimmen in herrlichen Akkorden. Der Preisrichter sagt dann: Dieser Stamm arbeitet

---

Anmerkung zur Einzeltourenbewertung: Die aus dem System entwickelte Skala hat zwei große Rubriken: eine Wertrubrik (+) und eine Entwertungsrubrik (—). Alle Wertpunkte werden in die Plusrubrik, alle Abzüge in die Minusrubrik eingetragen. Am Schlusse werden die Minuspunkte von den Wertpunkten abgerechnet. Die verbleibende Wertpunktzahl ist der dritte Teil des ganzen Liedes.

Den Gesamtliedwert finden wir
1. bei 3 Preisrichtern, wenn wir deren Punkte zusammenzählen,
2. „ 2     „     wenn wir deren Punkte zusammenzählen und dazu das Mittel aus den Punkten der beiden addieren,
3. „ 1 Preisrichter, wenn wir dessen Punkte verdreifachen.

schön zusammen. Der Weltbund hat darum auch diesem Ge=
danken in seinem Prämiierungsystem mit Recht Ausdruck ge=
geben: er will die Selbstzucht und damit die Stammeszucht
heben und fördern. Wer sich Hähne kaufen muß, um einen
Ausstellungsstamm zusammenzubringen, bleibt auf diese Weise
um einige Punkte zurück hinter dem Züchter, der seinen
e i g e n e n  S t a m m  s e l b s t  z ü c h t e t.

Der Weltbund schreibt vor: Die Stammesharmonie unter=
liegt nicht der $1/3$=Bewertung. Jeder Stamm soll aus 4 Vögeln
bestehen, weil diese der Züchter leichter zusammenbringt und weil
sie der Preisrichter besser abhören und richtiger bewerten kann.
Diese 4 Vögel können auf die erfungene Gesamtpunktzahl einen
Zuschlag bis zu 3 Punkten (von allen 3 Preisrichtern zusammen)
erhalten. Letztere einigen sich darüber, was sie für Stammes=
harmonie geben.

Ein Beispiel:

| | | | | | | | | | Gesamtpunktzahl des Stammes |
|---|---|---|---|---|---|---|---|---|---|---|
| Vogel 1 erhält vom Preisrichter | A 25 P., | B 24 P., | C 26 P. | = 75 Punkte, |
| „ 2 „ „ „ | A 23 „ | B 24 „ | C 23 „ | = 70 „ , |
| „ 3 „ „ „ | A 26 „ | B 25 „ | C 27 „ | = 78 „ , |
| „ 4 „ „ „ | A 23 „ | B 24 „ | C 25 „ | = 72 „ , |
| | Stammesharmonie von 3 Richtern zusammen: | | | 2 „ |
| | | | | 297 Punkte. |

Ohne die 2 Punkte Stammesharmonie hätte der Stamm
also nur 295 Punkte. Die Sache ist sehr einfach: Ist die
Prämiierung soweit abgeschlossen, daß man die Gesamtpunkt=
zahl hat, so heißt es: Was wollen wir dem Stamm geben für
Harmonie? Ist man sich auf 2 Punkte einig, so kommen
diese nicht dreimal, sondern nur e i n m a l in Anrechnung wie
vorstehendes Beispiel zeigt.

Die Bewertung der Stammesharmonie ist auf den Aus=
stellungen, wo ein stammweises Ausstellen verlangt wird, not=
wendig und in der angeführten Form berechtigt.

### Stammeszucht.

Wie durch die Bewertung der Stammesharmonie die Ein=
heitlichkeit der Stammesmerkmale anerkannt werden soll, so ist
auch im Bewertungsystem die Förderung der Stammeszucht
einzuschließen. Das System drängt auf Vielseitigkeit hin, in=
dem es bestimmte, markante Zuchtrichtungen einander hinsicht=

lich ihres Wertes gleichgestellt. So haben wir zur Zeit 3 Haupt=
oder Stammestouren gleichgestellt, es sind Koller, Hohlrolle und
Knorre. Welche von diesen 3 Touren am schönsten klingen
kann, das zu beurteilen, ist persönliche Geschmacksjache.
Selbst jene Kenner, welche die Hohlrolle höher stellen als
Koller und Knorre mußten infolge deren überaus großen, staunen=
erregenden Förderung Punkterhöhungen vornehmen. Es gab
eine Zeit, da erhielt die Knorre nur 5 Punkte; heute hat sie
schon 7. Sie kommt auch dort noch auf 9, wenn sich eine
richtige Erkenntnis für eine geordnete Stammeszucht durch=
gerungen hat, wenn die Knorre selbst durch richtige Stammes=
zucht über kleinliche Ansichten triumphiert.

Es wäre ein Leichtes gewesen, ein einheitliches Bewertungs=
system auf der Dreiteilungsbasis aufzustellen, das von anderer
Seite vielleicht angenommen worden wäre, wenn man die
Hohlrolle mit 9, Koller und Knorre mit 6, Glucken und
Wasserrollen mit 3 Punkten eingestellt hätte. Das widerspricht
aber der Auffassung über Stammeszucht und diese zu betreiben,
gehört mit zu den Fundamental=Grundsätzen der Kanarien=
Veredelungskunst im Weltbunde. Alles was schön ist, soll uns
für alle Zeit erhalten bleiben und nicht — wie geschehen —
verloren gehen oder sich verschlechtern. Durch die Gleichstellung
der Stammestouren werden wichtige, tiefe „Muttertouren" für
Tourenreichtum gesichert und gehoben. Aus diesem Grundstock
entspringen die vielen Variationen der Touren, wie wir sie heute
haben und diese verschönern letzten Endes das ganze Repertoir
unseres Liedes. Zur Erreichung dieses Zweckes soll auch das
Bewertungssystem nach Kräften beisteuern durch richtige Ein=
schätzung. Betrachten wir die Kehrseite: die Skala gibt für die
tiefen „Muttertouren" weniger Punkte, setzt sie z. B. im Werte
unter die Hohlrolle, so wird es niemand einfallen, die so schwer
zu züchtenden Touren — Hohlrolle (ihre Bedeutung in Ehren) ist
nach meiner Ansicht nicht so schwer zu züchten — weiter zu
fördern, er wird sogar als Züchter II. Klasse angesehen, der
noch an dem alten „Gequabbel" gefallen hat, also noch rückständig
ist. Auf diese Weise gingen schon hohe Liedwerte verloren;
ich erinnere nur an die herrliche Koller. Auch unsere Knorre
war vor 12 und 14 Jahren durchweg sehr armselig. Es hat
sich alles seither gebessert: wir finden neben tiefen Hohlrollen
heute prachtvolle Knorren in den wunderbarsten Tonklängen,
kullernde und kollernde Hohl=Wassergluckrollen, herrliche Kollern,

Hohlgluckrollen und Hohlschockeln. Das alles verdanken wir
dem unermüdlichem Hinweise der Züchter in der Fachpresse auf
allseitige Kultivierung der tiefen Touren, das verdanken wir
der gerechten Werteinschätzung der Touren im Weltbundessystem
und nicht zuletzt den Züchtern, die durch praktische Versuche aus
Liebhaberei die Stammeszucht mit aller Energie durchsetzten.
Das Bewertungssystem ist letzten Endes dazu berufen, die Erfolge aus des Züchters Mühen und Kenntnissen gerecht anzu-
erkennen und zu weiterem Streben anzuspornen. Und diesen
Vorzug hat hauptsächlich das dreiteilige Bewertungssystem des
Weltbundes.

*　　　*　　　*

Es sind Versuche gemacht worden, das Weltbundes-
bewertungssystem so auszulegen, als sollten damit alle bisherigen
Begriffe über die Liebbewertung umgestoßen werden. Das ist
jedoch nicht richtig. Bei einigen Touren ist die Höchstpunktzahl
etwas aufgebessert worden, weil sich diese Touren ganz hervorragend gebessert haben und weitere Fortschritte in Aussicht
stehen. Den Fortschritt zu begünstigen, deshalb ist der Idealwert erhöht worden. Das war logisch auch ganz richtig, denn
der allgemeine Fortschritt bedingt die Erhöhung. Eine Hohlrolle, die bisher 5 Punkte verdiente, erhält auch nicht mehr
nach unserm System; eine Knorre, die bisher bei objektiver
Bewertung 5 Punkte erhielt, bekommt jetzt auch nicht mehr.
Aber eine Knorre, die schöner klingt als die bisher mit 6 Punkten
bedachte, diese muß mehr als 6 Punkte haben. So ist es auch
mit den anderen Touren. Durch diese Maßnahme ist es dem
Preisrichter möglich, alles ganz nach seinem Empfinden zu bewerten und er wird durch die Skala nicht daran gehindert.
Freilich muß erwartet werden, daß die Züchter, die sich als
Preisrichter ausgeben, auch Sinn und Verständnis für objektive
Auffassungen haben und die Bewertungsweisen durch und durch
kennen. Es wäre zu wünschen, daß durch die Preisrichter-
vereine in dieser Hinsicht erfolgreich gewirkt würde. Ein Preisrichter ist nur dann einwandfrei, wenn er objektiv bewerten kann.

Durch die Einzeltourenbewertung finden wir den Wert der
Touren. Erfahrene Preisrichter werden beim ersten Durchsingen
des Vogels schon ungefähr abschätzen können, ob der Vogel
mit seinen Leistungen zwischen 50 und 60, 60 und 70, 70 und

80, 80 und 90 Punkte kommt. Wenn er nun am Schluſſe ſeine
Einzeltourenwerte addiert, wird er ſich einen allgemeinen ab-
ſchäßenden Rückblick oder Überſchlag über das Geſamtlied
machen und abwägen, ob der Geſamtwert aus den Einzeltouren auch ſeinem Empfinden über die Geſamtleiſtung entſpricht.
Glaubt er, daß ſeine Notizen vielleicht zu hoch ſind, ſo muß er
die Einzeltourenwerte noch einmal genau nachprüfen — ob er
nicht bei der einen oder anderen Tour etwas zu viel oder
zu wenig vergeben. Wir ſind alle Menſchen und Irrtümer
können jedem unterlaufen, zumal einem Preisrichter für Kanarien-
geſang, dem gleichzeitig 4 oder 6 Vögel zum Abhören vorgeſtellt
werden. Hat ſich ein Preisrichter geirrt, ſo darf er ſelbſt-
verſtändlich den Irrtum richtig ſtellen. Doch iſt es nicht im
Sinne des Syſtems, wenn er gute Einzeltourenwerte drückt, d. h.
ihnen die verdiente Punktzahl nicht gibt, weil er Angſt hat, er
käme zu hoch. Damit käme ich an die Punktgrenze bei 90,
die aus einer Zeit ſtammt, wo man von der Einzeltourenbewertung nichts wußte, wo die Lieder noch ſehr fehlerhaft,
wo unſere Knorren und Waſſerrollen noch nicht ſo brillant
durch Reinzucht gefördert waren. Unſer Syſtem hat dieſe
Grenzſperre durch die Skala bei 90 Punkten mit herüber-
genommen, weil die 90 Punkte einen guten Maßſtab für die
Abſchäßung bilden, weil dort der Idealvogel beginnt. Es iſt
richtig, daß jede Einzeltourenbewertung, mag ſie herkommen
von wem ſie will, bei ganz hervorragenden Vögeln über
90 Punkte führt. Vereinzelte Fälle beweiſen das. Es iſt aber
auch ganz gewiß, daß die 90-Punktgrenze nicht entſtanden
wäre, wenn die Einzeltourenbewertung vor dem alten Punkt-
ſyſtem eingeführt worden wäre. Nun iſt ſie aber einmal da,
und wir haben uns unſere Wertbegriffe an der Staffelung bis
90 gebildet, ſie iſt alſo eingeführt, nun dann wollen wir ſie
vorläufig auch noch weiter beibehalten. Doch iſt es meine
perſönliche Meinung, daß ſie bei einem Idealvogel, wenn es
nicht anders geht, überſchritten werden darf. Dafür muß natürlich der Preisrichter die Verantwortung übernehmen.

Man ſagt dem Weltbunde nach, daß er mehrfach in der
Prämiierungsfrage geändert habe (andere Verbände aber auch).
Das war nicht ſchlecht; denn es mußte alles ausprobiert werden.
Was wir heute haben, hat ſich in der Praxis gut bewährt.

Das Einzeltourenbewertungsſyſtem des Weltbundes entwickelt ſeine Skala aus dem inneren Kern der Geſangskunde

nach den Gesetzen der Schönheit. Die Prädikatsbewertung begründet die Dreiteilung für Einteilung aller und für Höchstpunktzahl jeder einzelnen Tour. Die im System garantierte
Objektivität gegenüber allen Gesangsteilen und Gesangserscheinungen, die im System ausgesprochene und durchgeführte
Gründung auf dem Boden der Wirklichkeit, Sachlichkeit und
Praxis drückt dem System den Stempel der Wissenschaft auf.
Das Bewertungssystem des Weltbundes birgt in sich alle be-
stehenden Skalen und steht sonach hoch über diesen. Das Bewertungssystem des Weltbundes fördert die Stammeszucht, drängt
auf Tourenreichtum, belohnt die Feinzucht und dient dem Fortschritt. Und jeder fortschrittlich und mit Weitblick Denkende
muß es anerkennen.

## Einheitsskala des Weltbundes der Kanarienzüchter und Vogelfreunde 1913.

| Name des Ausstellers | Kat. Nr. | | | | | | | | Zeit der Prämierung: |
|---|---|---|---|---|---|---|---|---|---|
| | Ring Nr. | | | | | | | | |
| ............................... | Jahr: | | | | | | | | ............................... |
| **Werttouren:** | | + | − | + | − | + | − | + | − | Der Preisrichter |
| **Bis + 9 Punkte** | Hohlrollen | • | | • | | • | | • | | ............................... |
| | Knorren | • | | • | | | | • | | |
| | Kollern | | | | | | | | | **Preisskala:** |
| **Bis + 6 Punkte** | Schockeln | • | | • | | • | | • | | 20 und weniger Punkte kein Prei |
| | Hohlklingeln | • | | • | | • | | | | 21—40 Punkte III. „ |
| | Glucken | | | • | | | | • | | 41—60 „ II. „ |
| | Wasserrollen | | | | | • | | | | 61—90 „ I. „ |
| | Pfeifen | | | • | | | | • | | |
| **Bis + 3 Punkte** | Klingelrollen | • | | | | | | | | **Bemerkungen des Preisrichter: über:** |
| | Klingeln | • | | | | | | | | |
| | Schwirren | • | | | | | | | | Vogel Nr. |
| **Fehlertouren:** | | | | | | | | | | |
| **Bis − 3 Punkte** | Aufzüge | | • | | | | | | | |
| | Schwirren | | | | | | | | | Vogel Nr. |
| | Pfeifen | | | | • | | | | • | |
| **Bis − 6 Punkte** | Klingeln | | | | | | | | | |
| | Schnarren | | | | | | | | | |
| | Locken | | | | | | | | | Vogel Nr. |
| | Nasentouren | | | | | | | | | |
| **Bis + 6 Punkte** | Klangbild des Gesamtvortrages | | | | | | | | | |
| | Summa + | | | | | | | | | Vogel Nr. |
| | Abzüge − | | | | | | | | | |
| | Bleibt Gesamt-punktzahl | | | | | | | | | |

Die 4 Vögel zusammen bis + 3 Punkte für Harmonie des Stammes ..................................

Gesamtpunktzahl des Stammes ......Pkt

Notizen über Zuerkennung von Medaillen, Ehrenpreisen etc. ..................................

Prämierungsunfähig: Schapp, Zitt, Schnetter, Schnatter.

# Preisrichterkurs.

## Lehrplan
zur Einführung in die Tourenkenntnis des Kanarienliedes. Vom Züchter zum Preisrichter.

### Disposition:

Einleitung: Grundsätze.

#### I. Jahr.
Elementarübungen an einzelnen Vögeln.

#### II. Jahr.
Elementarübungen an einzelnen Stämmen.

#### III. Jahr.
Das Bewertungssystem.
Elementarübungen im Erkennen und Bewerten der Touren=
qualitäten nach den Prädikaten genügend, gut, sehr gut.

#### IV. Jahr.
Praktisches Prämiieren:
a) Einzelprämiierung, b) Stammprämiierung,
c) Abschätzendes Prämiieren.
Übersichtliche Zusammenstellung des Prämiierungsresultates.
Kleine Vorteile. — Letzte Vorbereitungen auf die Preis=
richterprüfung.

### Die Preisrichterprüfung.
a) praktischer, b) theoretischer Teil (Prüfungsfragen).
Goldene Regeln für den Preisrichter.

# Zur Einführung in die Tourenkenntnis.

Wer Gesangskanarien züchtet, muß den Gesang der Vögel studieren, d. h. sich eine gründliche Tourenkenntnis aneignen. Das Prämiieren der Gesangskanarien ist von deren Leistungen im Gesang abhängig. Nur derjenige kann die Prämiierung vornehmen, welcher

1. über eine gründliche Kenntnis des Kanariengesanges verfügt und

2. in der Lage ist, alle Tonstücke des Liedes nach unanfechtbaren Grundsätzen zu zergliedern und sie in verständlicher Form mündlich und schriftlich richtig abzuschätzen,

3. selbst dabei auch Kanarienzüchter ist.

Wer einmal Preisrichter werden will, — und jeder Züchter sollte sich zu einem solchen ausbilden, gleichviel ob er als Preisrichter auf Ausstellungen fungieren will oder nicht — muß zunächst den Kanariengesang gründlich kennen lernen.

In welcher Weise der Züchter plan- und stufenmäßig in die Gesangskenntnis eingeführt werden kann, soll in nachfolgendem klargelegt werden.

Ausgehend von der Anschauung, daß man etwas nur dann gründlich gelernt hat, wenn man es selbst erlebt, mit eigenen Augen gesehen, mit eigenen Ohren gehört und geprüft hat, ergibt sich als naturgemäße Forderung: der Gesamtunterricht muß auf dem Boden der Praxis stehen: alle Liedteile des Kanarienliedes sind an singenden Vögeln kennen zu lernen und zu erklären. Die Durchführung dieser Forderung ergibt folgenden Stufengang:

# Tourenerläuterungen.

(Dieselben können in jedem Züchtervereine als Elementarübungen
vorgenommen werden.)

## I. Jahr.

### 1. Unterrichtspensum.

Aus einem Stamme (4 Vögel) ist zunächst nur ein sehr
guter Vogel vorzuführen und abzuhören, dabei sind die Touren=
erläuterungen nach folgenden Gesichtspunkten zu behandeln:

### 1. Benennung der Touren.

a) Durch den Kursleiter: Der Vogel wird oft abgehört;
der Gesangslehrer benennt während des Singens die
einzelnen Touren im Liede. Der Neuling wird Knorre,
Pfeifen, Klingel zuerst erkennen, später auch Hohlrolle,
Schockel und Hohlklingel.

b) Durch die Kursteilnehmer: Die Kursteilnehmer
werden ersucht, während des Singens die Touren zu be=
nennen; etwaige Fehler oder Mißverständnisse werden vom
Kursleiter korrigiert. Es genügt vorerst, ohne daß der Vogel
im Singen gestört wird, ganz kurz und leise zu sagen z. B.
Klingel — Pfeife — Knorre — Hohlrolle — 2c.

### 2. Bestimmung der Lagen der einzelnen Touren.

a) Durch den Kursleiter: Der Lehrer bemerkt beim
Singen: z. B. Klingel hoch, Knorre tief, Hohlrolle tief, fällt,
steigt, biegt, gerade, Hohlklingel mittlere Lage usw. Zweck
dieser Übung ist, den Anfänger schließlich zu belehren, daß
die Klingel in hoher, die Hohlklingel in mittlerer, die Knorre,
Hohlrolle und Schockel in tieferer Lage liegen. Hoch,
mittel, tief, diese drei Lagen stimmen auch mit der Touren=
einteilung überein: die hohen Lagen bilden die ge=
nügenden, die mittleren Lagen die guten, die tiefen
Lagen die sehr guten Touren.

b) Durch die Kursteilnehmer: Am singenden Vogel
sollen die Kursteilnehmer die Lagen der Touren allgemein
bestimmen.

### 3. Bestimmung des Tourenvokals.

a) Durch den Kursleiter: Der Vogel singt, der Lehrer bemerkt z. B. eben singt der Vogel ü (Hohlklingel) — u (Hohlrolle) — i (Klingel) — o (Knorre) usw. Zweck dieser Übung ist, die Kursteilnehmer auf die Grundtöne der Touren aufmerksam zu machen und das Ohr für die Unterscheidung derselben durch Übung zu schärfen.

b) Durch die Kursteilnehmer: Die Kursteilnehmer geben die Vokale beim Singen selbst an.

### 4. Bestimmung der Reinheit des Tourenvokals.

a) Durch den Kursleiter: Beim Singen bemerkt der Lehrer: klares o, reines ü, glockenreines i, etwas getrübtes ü usw. Da der erste Vogel ein sehr guter sein soll, wird die Reinheit des Tourenvokals durchweg als gut zu bezeichnen sein.

b) Durch die Kursteilnehmer.

### 5. Bestimmung der Konsonanten in jeder Tour.

a) Durch den Kursleiter: Der Lehrer macht darauf aufmerksam, daß man außer den Grundtönen, auch noch andere Laute mitklingen hört; sie heißen Mitlaute oder Konsonanten. Der Vogel singt; der Lehrer bemerkt dabei: ro — ru, rü — hohoho — huhuhu — hihihi — lilili — di — di — du — du — knorr — knarr usw.

b) Durch die Kursteilnehmer: Während des Singens sind die Touren zu benennen und die Konsonanten anzugeben.

Auch diese Übungen sollen sich öfters wiederholen zur Schärfung des Ohres.

### 6. Bestimmung der Tourenqualität.

Der Lehrer bezeichnet (auf Grund der bisherigen Feststellung)
die Hohlrolle als sehr gut (weil tief und rein),
die Schockel als gut (weil nicht allzu tief und kurz),
die Hohlklingel als sehr gut (weil klar und wohlklingend),
die Klingel als gut (weil rein und weich),

die Klingelrolle als genügend (weil etwas schmelzlos),
die Knorre als sehr gut (weil markig und tief),
der Pfeifen als gut (weil rein und in mittlerer Lage).

### 7. Bestimmung des Klangbildes.

Hier kommt in Betracht, wie der Vogel die Touren zu=
sammensetzt zu einem Liede, wie sich dasselbe anhört, wie die
Übergänge von einer Tour in die andere stattfinden, ob der
Vogel viel in wertvollen Touren „arbeitet", sie oft wiederholt, ob
der Vogel fleißig durchsingt usw. Das alles ist an dem singen=
den Vogel gehört worden und der Lehrer macht beim Singen
jetzt noch besonders auf die abwechselnde Tourenverbindung und
der dadurch bedingten Tonwirkung auf des Zuhörers Ohr auf=
merksam. Zum Schlusse kommt er zu dem Ergebnis, daß
dieser Vogel sehr gute und gute Touren in prächtiger Folge
und gutem Zusammenhang bringt, daß er vor unserm Ohre ein
Bild aus Tönen entrollt, das als sehr gut bezeichnet werden
kann, zumal keine Fehlerstücke das schöne Klangbild verschänden.

### 8. Bestimmung des Gesamtwertes des Vogels.

Von einer Punktbewertung des Vogels kann in der ersten Stunde
keine Rede sein. Hier gilt es allgemeine Begriffe über gut, genügend
und sehr gut festzulegen. Wir haben aus der Tourenerläuterung einen
sehr guten Eindruck gewonnen. Was sehr gut ist, muß deshalb mit
einem 1. Preis bedacht werden. Die Kursteilnehmer wissen nun, daß sie
einen ersten Preisvogel gehört haben, und das genügt für die erste Stunde.

## 2. Unterrichtspensum.

a) Es ist der zweite sehr gute Vogel vom gleichen Stamm
des ersten vorzuführen und an dessen Gesang jede Tour
zu erläutern nach den in dem ersten Unterrichtspensum
angegebenen acht Gesichtspunkten.

b) Der Vogel aus der ersten Unterrichtsstunde ist dann mit
dem der zweiten zu vergleichen nach Lage und Reinheit
jeder Tour. Die Kursteilnehmer sollen unter Anleitung
des Kursleiters die Unterschiede selbst angeben; insbe=
sondere ist auch auf das Fallen und Steigen einer Tour
aufmerksam zu machen.

Am Schlusse urteilen die Kursteilnehmer, welcher der
beiden Vögel der beste ist; dabei ist festzustellen, welche
Tour bei beiden Vögeln die Glanzleistung bildet.

c) Bei etwaigen Fehlertouren ist zu prüfen:

aa) Die Stärke und Häßlichkeit des Fehlers, inwieweit
er störend ist,

bb) die Wiederholung des Fehlers und seine Einwirkung
auf das Klangbild des Gesamtvortrages.

Die Schnabelstellung bei Fehlern ist besonders zu beachten.

### 3. Unterrichtspensum.

a) Es ist der Gesang des dritten sehr guten Vogels aus dem
Stamm nach den acht Gesichtspunkten zu erläutern.

b) Die zwei ersten, bereits bekannten Vögel sind alsdann
mit dem dritten zu vergleichen nach Lage der einzelnen
Touren (welche liegt höher, tiefer?) und Reinheit z. B.
welche Hohlrolle ist die beste und warum? Welche ist
am klarsten? Welche hat den wohlklingendsten Vokal?
Welche ist getrübt? Die Kursteilnehmer werden zu genauem
Abhören und Unterscheiden angeleitet.

### 4. Unterrichtspensum.

a) Der vierte sehr gute Vogel aus dem Stamme wird nach
den acht Gesichtspunkten behandelt.

b) Die vier erklärten Vögel sind zusammenzustellen und die
einzelnen Touren zu vergleichen; die Verschiedenheit in
Lage, Lagenwechsel, Reinheit und Tourenlänge ist besonders
scharf abzuhören, die Zusammengehörigkeit der vier Vögel
ist aus ähnlichen und gleichen Touren, an der Tourenfolge festzustellen und ihre Harmonie nachzuweisen.

Anmerkung: Zu den ersten Unterrichtsstunden sind stets
die besten Vögel vorzuführen, weil diese den ersten und besten
Eindruck hinterlassen, der für die folgenden gewissermaßen einen
Maßstab zu deren Beurteilung bildet. Gleichzeitig erhält der
lernbegierige Kursteilnehmer einen Begriff von einem sehr guten
Stamme. Zur Fortbildung in der Tourenkenntnis sei dem
Kursteilnehmer ein fleißiges Studium der in diesem Buche
niedergelegten Tourenbeschreibung sehr empfohlen.

### 5. 6. 7. 8. Unterrichtspensum.

Ein Stamm Mittelvögel (vier II. Preise) ist auszuwählen.
Jeder einzelne Vogel wird nach den acht Gesichtspunkten nebst

den beiden über Fehlertouren abgehört und erläutert. Hierauf werden die beiden besprochenen Stämme gemeinsam abgehört und die Unterschiede klar gelegt (die Vögel sind dabei vorzuführen).

### 9. 10. 11. 12. Unterrichtspensum.

Ein Stamm minderwertiger Vögel wird ausgewählt. Jeder Vogel wird einzeln nach den acht Gesichtspunkten nebst den beiden über Fehlertouren abgehört. Am Schlusse wurden zum Vergleiche einander gegenübergestellt:

a) Der sehr gute und der minderwertige Stamm,
b) „   „   „   „   „ Mittelstamm,
c) „ Mittelstamm und der geringe Stamm.

Kursleiter und Kursteilnehmer urteilen.

### Winke.

Diese Übungen können nach Belieben und Bedürfnis (besonders bei Vereinsversammlungen) fortgesetzt werden. Je eingehender nach den gegebenen Gesichtspunkten gearbeitet wird, umso größer dürfte der Erfolg sein. Besonderer Wert ist darauf zu legen, daß immer je vier stammesverwandte Vögel einzeln besprochen und gleichzeitig abgehört werden.

Bei den Tourenerklärungen kann auch neben dem singenden Vogel eine Lehrorgel zur Verständlichmachung verwendet werden. Insbesondere können bei dieser die Roll- und Schockelformen zum Aufklären dienen.

Bei dem Auftreten einer neuen Tour gibt der Kursleiter nach dem Abhören eine Beschreibung, wozu die in diesem Buche gegebenen Tourenbeschreibungen verwendet werden können.

Variationen einzelner Touren sind an singenden Vögeln zu veranschaulichen.

## II. Jahr.

Die Kursteilnehmer beschreiben die Touren; der Kursleiter stellt richtig, klärt auf und ergänzt.

Unterrichtsaufgaben:

1. Ein sehr guter Hohlrollerstamm (vier Vögel) ist den Kursteilnehmern vorzustellen. Die einzelnen Touren sind zu

benennen und ist anzugeben, ob sie genügend, gut oder
sehr gut klingen. Auch die Fehler sind zu benennen und
zu bestimmen, ob sie sehr entwerten, oder leichter Natur sind.

2. Ein minderwertiger Hohlrollerstamm ist dem guten gegen=
überzustellen. Vergleiche nach Lagen, Reinheit, Tonfülle
und Klangbild sind anzustellen.

3. Ein sehr guter Knorrstamm ist vorzuführen und zu be=
schreiben.

4. Ein schlechter Knorrstamm ist vorzuführen und zu be=
schreiben.

5. Ein sehr guter Wasserrollerstamm ist vorzuführen und zu
beschreiben.

6. Ein geringer Wasserrollerstamm ist vorzuführen und zu
beschreiben.

7. Ein sehr guter Gluckstamm ist vorzuführen und zu be=
schreiben.

8. Ein geringer Gluckstamm ist vorzuführen und zu be=
schreiben.

9. Ein Rollerstamm ist vorzuführen und zu beschreiben.

10. Ein Schockelstamm ist vorzuführen und zu beschreiben.

## III. Jahr.

(Beginn des Preisrichterkursus.)

Das Bewertungssystem ist vorzutragen und zu
erklären. (Siehe Seite 160.)

### Die Qualitäten der Knorren.

(Bei jedem Vogel ist auch das Klangbild zu begutachten.)

Übungsaufgaben:

1. 3 Vögel sind vorzustellen, von denen der eine eine ge=
nügende, der andere eine gute, der dritte eine sehr gute
Knorre hat. Beschreibung der drei Knorren!
Wieviel Punkte erhält die genügende Knorre? (1—3 P.)
  "      "      "      "   gute        "    (4—6 " )
  "      "      "      "   sehr gute    "    (7—9 " )

2. 3 Vögel sind vorzustellen, von denen jeder eine ge=
nügende Knorre hat und zwar die eine Knorre von

ganz geringem Werte (Knorransatz), die andere von etwas besserem und die dritte von genügendem Werte.

Wieviel Punkte erhält die ganz geringe Knorre? (1 P.)

"     "     "     "   bessere, aber auch geringe Knorre? (2 P.)

"     "     "     "   genügende Knorre? (3 P.)

3. 3 Vögel mit je guter Knorre sind vorzuführen und zu bewerten.

Die geringste davon erhält 4 Punkte,

" bessere " " 5 " ,

" beste " " 6 " .

Die Klangunterschiede sind dem Ohre besonders einzuprägen.

4. 3 Vögel mit je einer sehr guten Knorre sind vorzuführen und zu bewerten.

Der Kursleiter und seine Schüler haben hier besonders auf den Klang zu achten.

Die sehr gute geschlossene Knorre erhält 7 Punkte,

" tiefe hohltönige " " 8 " ,

" " kullernde, gluckende und Hohlknorre kann 9 Punkte erhalten.

Solche Übungen sind öfters anzustellen; dabei werden die Kursteilnehmer ersucht, den Wert der jeweiligen Knorre in Punkten aufzuschreiben. Der Kursleiter stellt fest, inwieweit die von dem einzelnen aufgeschriebenen Punkte richtig sind. Daran schließt sich eine Diskussion.

## Die Qualitäten der Hohlrolle.

(Bei jedem Vogel ist auch das Klangbild zu begutachten.)

Übungsaufgaben:

1. Es sind 3 Vögel vorzustellen: der eine hat eine genügende, der zweite eine gute, der dritte eine sehr gute Hohlrolle.

Nach dem Anhören der Klangunterschiede wird die Bewertung vorgenommen.

Die genügende Hohlrolle kann 1—3 Punkte erhalten,

" gute " " 4—6 " " ,

" sehr gute " " 7—9 " " .

2. Es sind 3 Vögel vorzuführen, von denen jeder eine genügende Hohlrolle hat und zwar
eine fast ungenügende, eine etwas bessere, eine gut genügende.

Nach dem Abhören der Klangunterschiede wird bewertet:
die fast ungenügende Hohlrolle erhält 1 Punkt,
die besser klingende       „        „    2 Punkte,
die gut genügende          „        „    3    „

3. Es sind 3 Vögel vorzuführen, von denen jeder erste gute
Hohlrolle hat und zwar der. eine
eine gute mit 4 Punkten, der andere
eine bessere „ 5    „  , der dritte
eine durchaus gute mit 6 Punkten.

4. Es sind 3 Vögel vorzuführen, von denen jeder eine sehr
gute Hohlrolle hat:
der eine Vogel bringt sie z. B. tief und rein, gerade (7 P.),
der andere    „     „    „    „   tief, fallend und rein (8 „ ),
der dritte    „     „    „    „   tief, gebogen rein und kullernd (9 Punkte).

Solche Übungen sind oft vorzunehmen, damit sich der
Lernende viele Begriffe bilden kann, insbesondere auch sein
Ohr schärft für die feinsten Klangunterschiede.

Die Kursteilnehmer notieren den Wert der Hohlrollen in
Punkten, der Kursleiter korrigiert sie.

Folgt Diskussion!

### Die Qualitäten der Schockeln.
(Bei jedem Vogel ist auch das Klangbild zu begutachten.)

Übungsaufgaben:

1. Es sind 3 Vögel vorzuführen, von denen der eine eine
genügende, der andere eine gute, der dritte eine sehr gute
Schockel hat.
Für genügende Schockeln sind 1—2 Wertpunkte vorgesehen,
für gute        „        „    3—4    „        „  ,
für sehr gute   „        „    5—6    „        „  .

2. Die Unterschiede in genügend klingenden Schockeln sind
an singenden Vögeln zu veranschaulichen und zu bewerten (1—2) Punkte).

3. Die Unterschiede in gut klingenden Schockeln sind an singenden Vögeln zu hören und zu bewerten (3—4 Punkte).

4. Die Klangunterschiede sehr guter Schockeln sind an singenden Vögeln festzustellen und zu bewerten (5—6 Punkte).

Je öfters diese Übungen wiederholt werden, desto fester und klarer werden sich die Begriffe beim Kursteilnehmer bilden. Die Schockeln sind von diesem in Punkten zu bewerten und vom Kursleiter einer Durchsicht zu unterziehen. Folgt Diskussion!

### Qualitäten der Hohlklingeln.

(Bei jedem Vogel ist auch das Klangbild zu begutachten.)

Übungsaufgaben:

1. Es sind 3 Vögel vorzuführen, von denen der eine eine genügende, der zweite eine gute, der dritte eine sehr gute Hohlklingel hat.

   Für genügende Hohlklingeln sind 1—2 Punkte angesetzt,
   für gute          „      „   3—4   „      „  ,
   für sehr gute     „      „   5—6   „      „  .

2. Die Unterschiede in genügenden Hohlklingeln sind an singenden Vögeln zu zeigen und dementsprechend zu bewerten und zwar in Punkten.

3. Die Unterschiede in guten und sehr guten Hohlklingeln sind an singenden Vögeln zu erklären und zu bewerten. Diskussion!

### Die Qualitäten der Klingeln.

(Bei jedem Vogel ist auch das Klangbild zu begutachten.)

Übungsaufgaben:

1. Es sind 3 Vögel vorzuführen mit 3 verschiedenartigen Klingeln und zwar
   a) mit einer genügenden Klingel,
   b) „    „    guten Klingel,
   c) „    „    sehr guten Klingel.

2. Es sind Vögel vorzuführen mit schlechten Klingeln (näselnd, schleppend, hüpfend, stoßend, spitz, dünn, schrill, scharf, schnetterig).

An den geringen Touren sind besonders viele und genaue Übungen vorzunehmen. Die Kursteilnehmer sollen nach ihrem Empfinden Werte oder Abzugspunkte notieren, die jeweilig vom Kursleiter durchgesehen und besprochen werden. Diskussion!

### Die Qualitäten der Klingelrollen.

(Bei jedem Vogel ist auch das Klangbild zu begutachten.)

Übungsaufgaben:

1. Es sind 3 Vögel vorzuführen mit 3 verschiedenartigen Klingelrollen und zwar:

    a) mit einer genügenden Klingelrolle,

    b) „ „ guten Klingelrolle,

    c) „ „ sehr guten Klingelrolle.

2. Es sind Vögel vorzuführen mit schlechten Klingelrollen (näselnd, hart, breit, flach, scharf).

    Die Kursteilnehmer bewerten die guten, entwerten die schlechten Klingeln in Punkten. Folgt Kritik; Diskussion!

### Die Qualitäten der Schwirren.

(Bei jedem Vogel ist auch das Klangbild zu begutachten.)

Übungsaufgaben:

1. Es sind Vögel vorzuführen mit 3 verschiedenartigen Hohl=schwirren und zwar

    a) mit einer genügend klingenden Schwirre,

    b) „ „ gut „ „ ,

    c) „ „ sehr gut „ „ .

2. Es sind Vögel mit schlechten Schwirren vorzuführen näselnd, scharf, hart, breit, flach, schrill, dünn, schnetterig. Kritik; Diskussion!

## Die Qualitäten der Pfeifen.

(Bei jedem Vogel ist auch das Klangbild zu begutachten.)

**Übungsaufgaben:**

1. Es sind Vögel mit genügenden, guten und sehr guten Pfeifen vorzuführen und zu bewerten:

> genügende erhalten 1—2 Punkte,
> gute „ 3—4 „ ,
> sehr gute „ 5—6 „ .

2. Es sind auch schlechte Pfeifen vorzuführen und in Punkten zu entwerten: näselnd, hart, scharf, stoßend, spitz, dünn. Kritik, Diskussion.


## Die Qualitäten der Kollern.

(Bei jedem Vogel ist auch das Klangbild zu begutachten.)

**Übungsaufgaben:**

1. Es sind 3 Vögel mit genügender, guter und sehr guter Koller einander gegenüber zu stellen.
> Die Klangunterschiede geben die Dreiteilung.

2. Es sind 3 Vögel mit genügenden Kollern abzuhören, wovon
> die eine als geringste Leistung 1 Wertpunkt,
> die andere für besseren Klang 2 Wertpunkte,
> die dritte für genügenden Klang 3 Wertpunkte erhält.

3. Es sind 3 Vögel mit guter Koller gleichzeitig abzuhören und zwar
> eine Koller mit gutem Klang zu 4 Punkten,
> eine „ „ besserem „ „ 5 „
> eine „ „ gut befriedigendem Klang zu 6 Punkten.

4. Es sind 3 Vögel mit sehr guter Koller vorzuführen und zwar
> eine Koller mit sehr gutem Klang zu 7 Punkten,
> „ „ „ „ „ „ „ 8 „ ,
> „ „ „ „ „ „ „ 9 „ .

Die Klangunterschiede der Koller können nur durch oftmaliges Abhören und Vergleichen dem Ohre des Züchters ein bleibendes Bild sichern. Deshalb ist öftere Vorführung solcher Vögel notwendig. Kritik; Diskussion!

### Die Qualitäten der Wasserrollen.

(Bei jedem Vogel ist auch das Klangbild zu begutachten.)

Übungsaufgaben:

1. Es sind 3 Vögel mit genügenden, guten und sehr guten Wasserrollen einander gegenüber zu stellen.
Aus der dreifachen Klangwirkung ergibt sich die Dreiteilung: genügend, gut, sehr gut.

2. Es sind 3 Vögel mit genügenden Wasserrollen vorzuführen und zwar:
eine genügende Wasserrolle mit 1 Punkt,
eine bessere „ „ 2 Punkten.

3. Es sind gute Wasserrollen vorzuführen und zwar
mit gutem Klang zu 3 Punkten,
mit besserem „ „ 4 „ .

4. Es sind sehr gute Wasserrollen vorzuführen
mit sehr gutem Klang zu 5 Punkten,
mit hervorragendem Klang zu 6 Punkten (kullernder Klang).
Öftere Wiederholung und Bewertung sind sehr zu empfehlen.

5. Auch schlechte Wasserrollen sind abzuhören und in Punkten zu entwerten (näselnd, breit, scharf, hart). Kritik; Diskussion.

### Die Qualitäten der Glucken.

(Bei jedem Vogel ist auch das Klangbild zu begutachten.)

Übungsaufgaben:

1. Es sind Vögel mit genügenden, guten und sehr guten Glucken einander gegenüber zu stellen.
Es ergibt sich die Dreiteilung.

2. Genügende Glucken sind vorzuführen mit 1 und 2 Wertpunkten.

3. Gute Glucken mit 3 und 4 Wertpunkten sind zu vergleichen.

4. Sehr gute Glucken mit 5 und 6 Wertpunkten sind zu vergleichen und zu bewerten.

5. Schlechte Glucken sind abzuhören (näselnde, platte, flache, klappernde). Wiederholung solcher Übungen empfehlenswert! Kritik; Diskussion!

### Die Qualitäten der Gluckrollen.

(Bei jedem Vogel ist auch das Klangbild zu begutachten.)

Übungsaufgaben:

1. Genügende, gute und sehr gute Gluckrollen sind abzuhören und zu bewerten.

2. Genügende Gluckrollen mit 1—2 Wertpunkten,
gute　　　　　　　„　　　　„　3—4　　　　„　　,
sehr gute　　　　„　　　　„　5—6　　　　„　　, sind an durchsingenden Vögeln den Kursteilnehmern zu erklären und zu bewerten. Übung schärft das Ohr und festigt die Begriffe. Kritik; Diskussion!

3. Fehlerhafte Gluckrollen sind in Punkten zu entwerten.

### Entwertung von ausgesprochenen Fehlertouren.

Die Entartung eines sonst · als Werttour geltenden Tonstückes ist bei der vorstehenden Wertung bereits behandelt. Es sind nun die ausgesprochenen Fehlertouren, welche niemals Wert besitzen, noch abzuhören.

Übungsaufgaben:

Aufzüge: Leichte, mittlere und starke Aufzüge sind an singenden Vögeln zu hören und mit Abzuspunkten zu entwerten.

Übungsaufgaben:

Locken: Vögel mit Beiwörtern und Locktönen im Gesangsvortrage sind den Kursteilnehmern vorzuführen.

Übungsaufgaben:

Schnetter, Schapper, Zitt: Es sind auch diese Fehlertouren dem Kursteilnehmer vorzuführen; die Häßlichkeit und Gefährlichkeit für den Edelgesang werden dieselben einsehen und ihre Ausschließung von der Bewertung gerechtfertigt finden. Kritik; Diskussion!

## IV. Jahr.

Den Kursteilnehmern wird das Prämiierungsformular mit Skala erklärt, dann folgen

Übungsaufgaben:

## A. Einzelprämiierung.

Erste Stunde.

1. Zunächst wird nur 1 Vogel eines Hohlrollerstammes vorgestellt. Jeder Kursteilnehmer hat ihn in Punkten zu bewerten. Hierauf folgt Kritik!
2. Der 2. Vogel des Stammes wird vorgestellt und ist in Punkten zu bewerten. Hierauf folgt Kritik!
3. Der 3. Vogel des Stammes wird vorgestellt und prämiiert. Hierauf folgt Kritik!
4. Der 4. Vogel eines Stammes wird vorgestellt und prämiiert. Hierauf folgt Kritik!
5. Am Schlusse wird die Prämiierungsliste durch jeden Kursteilnehmer ausgefüllt und die Stammesharmonie gemeinsam festgelegt.

Hausaufgabe: Für die nächste Stunde hat jeder Kursteilnehmer einen schriftlichen Bericht zu schreiben über diesen Stamm.

Zweite und folgende Stunden: Auf die gleiche Weise werden alle möglichen Stämme zur Übung vorgestellt und einzeln prämiiert. An jede Prämiierung knüpft sich eine Kritik.

Sind die 4 Vögel einzeln bewertet, dann wird die Liste ausgefüllt und die Stammesharmonie festgesetzt.

Diese Übungen sollen dem stammweisen Prämiieren vorausgehen und sind vom Kursusleiter genau zu korrigieren.

# B. Stammprämiierung.

Übungsaufgaben:

Erste Stunde:

1. Ein tourenarmer Stamm (vier Vögel) ist zu bewerten und in die Prämiierungsliste einzutragen. Folgt Kritik.
2. Ein tourenreicher Stamm ist zu bewerten. Folgt Kritik.
3. Ein tiefer „ „ „ „ . „ „ .
4. Ein mittlerer „ „ „ „ . „ „ .
5. Ein geringer „ „ „ „ . „ „ .

Hausaufgabe: Über die fünf prämiierten Stämme ist bis zur nächsten Stunde ein Bericht zu schreiben als Vorübung zum Ausstellungsbericht. Diese Schriftstücke sind vom Kurs=leiter mit Datum zu versehen, aufzubewahren und bei der Preisrichterprüfung auf Verlangen der Prüfungskommission vorzulegen.

Zweite und folgende Stunde:

1. Es sind sechs verschiedene Stämme (à 4 Vögel) nach=einander zu bewerten. Nach jedem Stamm folgt eine Kritik.
2. Über die sechs Stämme ist (als Hausaufgabe) ein Präm=ierungsbericht zu schreiben.

In der nächsten Stunde werden diese Berichte ver=lesen und einer Kritik unterzogen. Auch Ausstellungs=berichte aus der Fachpresse können einer Besprechung unter=zogen werden.

Solche Übungen im stammweisen Prämiieren werden beliebig, je nach dem Fortschritt der Kurs=teilnehmer, fortgesetzt. Die Kritik des Kursleiters darf nie fehlen.

Anmerkung zum Prämiierungsbericht: 1. Die Tourenbeschreibung soll sich bei Ausstellungsberichten nur auf die besten Stämme erstrecken. 2. Es sind zu beschreiben die Glanztour eines Vogels, die Lage der Touren, etwaige auf=fallend schöne Tonformen, das Klangbild. 3. Über das Gesamt=material der Konkurrenzsänger ist ein allgemeiner Rückblick zu geben. 4. Auch etwaige Erfahrungen über die Brauchbarkeit des Prämiierungssystems, Verbesserungen u. dergl. können im

Prämiierungsberichte niedergeschrieben werden. 5. Monotone Tourenbeschreibungen über minderwertige Sänger sollen unterbleiben. 6. Der Preisrichter schreibe seinen Bericht sofort in den ersten Tagen nach der Prämiierung, wo noch alles in bester Erinnerung ist. 7. Er sende den Bericht sofort der Fachzeitung ein.

---

# C. Abschätzendes Prämiieren.

Übungsaufgaben:

1. Ein Vogel ist nach dreimaligem Durchsingen in Punkten auf seine Gesamtleistung abzuschätzen z. B.:
   Der Vogel kommt in die erste Preisklasse zwischen 60 und 70 Punkte. Hierauf folgt die Bewertung der Einzeltouren. Der Einzeltourenwert und der abgeschätzte Wert sind zu vergleichen und abzuwägen. Entstehen große Unterschiede, so ist deren Ursache aufzusuchen, welche entweder in der zu hohen oder zu geringen Abschätzung oder in der zu hohen oder zu niedrigen Bewertung der Einzeltouren zu finden ist. Es folgt Kritik durch Kursleiter und Kursteilnehmer.
   Diese Übungen sind an einzelnen Vögeln öfters anzustellen.

2. Ein Stamm (4 Vögel) wird vorgestellt. Jeder einzelne Vogel ist zuerst abzuschätzen. (Die abgeschätzte Punktzahl ist der Kontrolle halber groß und deutlich oben in die rechte Ecke der Prämiierungsliste zu setzen.) Dann folgt Prämiierung der einzelnen Touren. Vergleich! Kritik!
   Diese Übungen sind zu wiederholen.

3. Ein Stamm (4 Vögel) wird vorgestellt. Nach mehrmaligem Durchsingen stellt der Kursleiter z. B. die Frage: Wieviel Punkte wird dieser Stamm wohl erreichen?
   Antwort: 280 P., 300 P., 290 P. usw.
   Es folgt nun
1. Abschätzen des 1., 2., 3. und 4. Vogels;
2. Einzelprämiierung des 1., 2., 3. u. 4. Vogels.
   Vergleich beider Resultate; Nachprüfung an der Hand der Kritik.
   Diese Übungen sind oft anzustellen.

## Ausstellung 1912 zu Neustadt a. H.

### 1. Konkurrenzfänger der Gruppenklasse (Selbstzucht 1912).

| Name des Ausstellers | Nr. des Vogels | Punkte des Preisrichters | | | Punktzahl eines Vogels | Stamm-harmonie | Gesamtpunktzahl des Stammes | Bemerkungen über Zuerkennung von Preisen, Ehrenpreisen ꝛc. | Ver-kaufs-preis |
|---|---|---|---|---|---|---|---|---|---|
| | | Müller | Dürr | Rühl | | | | | |
| Hofmann-Neustadt | 1 | 22 | 23 | 22 | 67 | | | 1. Ehrenpreis und große Weltbundes-medaille | — |
| | 2 | 24 | 23 | 25 | 72 | | | | — |
| | 3 | 23 | 21 | 22 | 66 | | | | — |
| | 4 | 25 | 24 | 25 | 74 | | | | — |
| | | | | | 279 | 1 | 280 | | |
| Günther-Neunkirchen | 5 | 21 | 23 | 22 | 66 | | | 2. Ehrenpreis und mittlere Welt-bundesmedaille | |
| | 6 | 20 | 20 | 20 | 60 | | | | |
| | 7 | 24 | 24 | 23 | 71 | | | | |
| | 8 | 27 | 25 | 26 | 78 | | | | |
| | | | | | 275 | 1 | 276 | | |

usw.

### 2. Konkurrenzfänger der allgemeinen Klasse usw.

## Überſichtliche Zuſammenſtellung des Prämiierungs=
reſultates.

Nicht ſelten wird der Preisrichter, namentlich von jüngeren
Vereinen, erſucht, eine überſichtliche Zuſammenſtellung der prämi=
ierten Stämme anzufertigen. Da der Preisrichter auch das
können muß, beachte er nebenſtehendes Muſterbeiſpiel.

Anmerkung: 1. Iſt nur ein Preisrichter tätig, ſo findet
man die Geſamtpunktzahl eines Vogels, wenn man des Preis=
richters Punkte verdreifacht, z. B. Preisrichter Müller hat 22 P.
Der Geſamtwert iſt $22 \times 3 = 66$ P.

2. Bei zwei Preisrichtern werden deſſen Punkte eingeſtellt;
für den fehlenden dritten Preisrichter wird das Mittel aus der
Summe der von den zwei notierten Punkte eingeſtellt. Z. B.

| Preisrichter Müller | Dürr | fehlt der dritte Preisrichter |
|---|---|---|
| 22 | 23 | 23 $(22 + 23 = 45 : 2 = 22^{1}/_{2}$ aufgerundet auf 23.) |

Kleine Vorteile beim Notieren der Touren während
des Geſanges.

Jeder Preisrichter hat wohl zum Notieren der Touren
während des Singens ſeine eigene Methode bezw. beſondere
Vorteile.

Um umſtändliche Schreibereien zu erſparen und um dem
Geſange ſeine volle Aufmerkſamkeit ſchenken zu können, iſt die
Einführung eines Notiz= oder Konzeptheftes für die Hand des
Preisrichters ſehr wünſchenswert. Es ſoll ein kleines Format
der bisherigen Bewertungsſkala darſtellen, evtl. könnte es auch
ſo eingerichtet werden, daß man die Liſte für die Hand des
Ausſtellers durchpauſen kann.*)

Anmerkung: Beim Singen des Vogels macht ſich der
Preisrichter in die betreffende Rubrik derjenigen Tour, welche
der Vogel augenblicklich ſingt, einen Punkt (.). Durch dieſen
Punkt deutet er ſich an, daß der Vogel die Tour geſungen hat.
Wenn der Preisrichter nach öſterem Singen ſich über den

---

*) Prämiierungsliſten in Blocks zum Durchpauſen ſind von Robert
Fuchs Verlag, Altenburg, S.=A., zu beziehen. Preis 1 Block, à 100 Blatt,
2,50 M.

Wert der Tour klar ist, stellt er an Stelle des Punktes die betreffende Zahl ein. Singt ein Vogel im weiteren Verlaufe seines Gesanges eine Tour, die er im erstmaligen Vortrage gebracht, nicht mehr, so hat sie der Preisrichter notiert und kann sie evtl. bewerten. (Siehe Musterbeispiel Seite 160.)

## Letzte Vorbereitungen auf die Preisrichterprüfung.

1. Wer sich von den Kursteilnehmern einer Preisrichterprüfung unterziehen will, kann verpflichtet werden, bei 3 Lokal= oder allgemeinen Ausstellungen als Assistent bezw. Preisrichterkandidat zuzuhören und mitzuprämiieren. (Dem die Ausstellung gebenden Vereine bleibt es überlassen, die Notizen des Kandidaten in Anrechnung zu bringen. Von den mitamtierenden Preisrichtern kann ein Gutachten eingeholt werden.)

2. Gesuche um Zulassung zur Preisrichterprüfung sind z. B. beim Weltbund an die Zentralverwaltung des Weltbundes, Herrn Joh. Gottfried Niedeggen in Oberdollendorf am Rhein oder an die Prüfungskommission einer Preisrichtervereinigung zu senden.

Muster:

Der Unterzeichnete hat den in der Süddeutschen Gruppe stattgehabten Tourenerläuterungs= und Preisrichterkursen angewohnt und ersucht um Zulassung zur Preisrichterprüfung. Zeugnis des Kursleiters, sowie die in den Kursen angefertigten Prämiierungsberichte liegen bei.

N. N.

## Die Preisrichterprüfung.

Die Preisrichterprüfung zerfällt in 2 Teile, den praktischen und theoretischen Teil.

### 1. Die praktische Prüfung.

Selbständige Prämiierung und Ausfüllung der Prämiierungslisten über

a) einen sehr guten Knorr= und Hohlrollerstamm (4 Vögel),
b) „ mittelmäßigen „ „ „
c) „ geringen „ „ „
d) „ sehr guten Gluck=, Wasserroller= und Kollerstamm,
e) „ mittelmäßigen „ „ „ „
f) „ geringen „ „ „ „
g) aus den 6 Stämmen werden 4 Vögel zur nochmaligen Prüfung vorgestellt, um zu sehen, ob der Prüfling „sattel= fest" ist.

Von der Anfertigung eines tourenbeschreibenden Prä= miierungsberichtes kann Abstand genommen werden, wenn der Prüfling seine in den Vorbereitungskursen angefertigten Be= richte vorgelegt hat.

## 2. Die theoretische Prüfung.

Sie knüpft an die Praxis an. Es sollen alle Fragen immer an die vorher prämiierten 6 Stämme angelehnt sein. Es folgt jetzt eine Zusammenstellung von Fragen und Auf= gaben, welche dem Prüflinge vorgelegt werden können. Aus= drücklich sei bemerkt, daß nicht alle Fragen an einen Zögling gestellt werden müssen, sondern es können beliebige ausgewählt oder neue eingefügt werden. Das bleibt der Prüfungskommission überlassen. Diese Fragen können auch dem Prüfling im Preis= richterkurs öfters gestellt werden. Er soll dadurch ersehen, was etwa verlangt wird in der Prüfung.

----

# Prüfungsfragen.

1. Welcher von den 6 Stämmen ist nach ihrer Meinung der beste? Warum?
2. In welchem Stamme passen die Vögel gut zusammen? Warum?
3. Wie nennt man das harmonische Zusammenklingen? (Stammes=Harmonie.)
4. Wieviel Punkte können auf Stammes=Harmonie vergeben werden? (1—3 Punkte.)
5. Wann werden die Punkte für Stammes=Harmonie ein= gesetzt? (Wenn bei sämtlichen 4 Vögeln die Gesamtpunkt= zahl addiert ist.)

## 1. Fragen über die Hohlrollen.

1. In welchem (von den 6 Stämmen) ist die tiefste Hohlrolle?
2. In welchem (von den 6 Stämmen) ist die beste Hohlrolle?
3. Welcher Vogel bringt sie gerade? steigend? fallend? gebogen?
4. Welche Grundtöne hat die Hohlrolle? (u, o, ü, a, ö, e, ä.)
5. Wie klingt eine Hohlrolle mit den Vokalen ö, e, ä? (näselnd, gedrückt).
6. Wie klingt eine Hohlrolle mit dem Vokal ü (in höheren Lagen)? dünn.
7. Wie klingt eine Hohlrolle mit den Vokalen o und u? (voll und tief.)
8. Welche Konsonanten begleiten die Hohlrolle?
9. Welchen Einfluß haben die stark hervortretenden Konsonanten auf die Reinheit der Hohlrolle? (sie trüben.)
10. Welchen Einfluß haben die schwach angehauchten Konsonanten auf den Klang der Hohlrolle? (sie geben Schmelz und Wohlklang.)
11. Wieviele Punkte erhalten höher gelegene Hohlrollen? (1—3 Punkte.)
12. Wieviele Punkte erhalten Hohlrollen von rauhem, trübem Klang? (1—3 Punkte.)
13. In welchen Lagen liegen die guten Hohlrollen? (in mittleren Lagen.)
14. Wieviele Punkte hat man zur Bewertung der guten Hohlrollen? (4, 5—6 Punkte.)
15. Wann geben Sie der Hohlrolle 7 Punkte? (wenn sie recht tief liegt, rein klingt und gerade ist.)
16. Wann geben Sie der Hohlrolle 8 Punkte? (wenn sie recht tief liegt, rein klingt und fallend ist.)
17. Wann geben Sie der Hohlrolle 9 Punkte? (wenn sie recht tief liegt, rein klingt und in Bogen kullernd auf und nieder wirbelt.)
18. Wann erhält die Hohlrolle Abzugspunkte? (wenn sie in eine Nasentour ausgeartet ist.)

## 2. Fragen über die Schockeln.

1. Welcher Vogel (aus den 6 Stämmen) brachte die beste Schockel? Warum?

2. In welcher Lage muß die Schockel liegen? (in tiefer Lage, meist wie die Hohlrolle.)
3. Wie unterscheidet sich die Schockel von der tremulierenden Hohlrolle? (sie ist abgesetzt.)
4. Welche Grundtöne hat die wertvollste Schockel? (o, u.)
5. Welche Konsonanten begleiten die Grundtöne?
6. Welche Grundtöne mindern den Schockelwert? (ö, e, ä, weil näselnd im Klang.)
7. Kann eine Schockel auch gebogen sein? (Nein, sie ist eine tiefe Klingeltour; nur Rolltouren sind gebogen.)
8. Was für ein Unterschied besteht zwischen Hohlklingel und Schockel? (die Schockel liegt tiefer, hat andere Laute und andern Klang.)
9. Wann gibt man einer Schockel 2 oder 3, 4, 5, 6 Punkte?
10. Welche Stellung nimmt die Schockel unter den Touren ein?
11. Welche Entartungen sind bei der Schockel möglich? (sie kann schleppend und bellend, oder auch näselnd gebracht werden.)
12. Wie halten sie es mit der Nasenschockel? (sie erhält bis 6 Punkte Abzug — Nasentour.)

### 3. Fragen über die Hohlklingeln.

1. Wieviele Wertpunkte hat die Skala für Hohlklingel eingestellt? (6.)
2. Wieviele Punkte geben sie einer genügenden Hohlklingel? (1—2.)
3. Wieviele Punkte geben sie einer guten Hohlklingel? (3—4.)
4. Wieviele Punkte geben sie einer sehr guten Hohlklingel? (5—6.)
5. Welche Grundtöne hat die Hohlklingel?
6. Welche Konsonanten hat die Hohlklingel?
7. In welcher Lage liegt die Hohlklingel?
8. Welche Tourenvokale geben der Hohlklingel einen dünnen Klang?
9. Welche Tourenvokale geben der Hohlklingel einen näselnden Klang? (e, ö, ä.)
10. Wie hören sich hüpfende Hohlklingeln an?
11. Wieviele Punkte geben Sie einer hüpfenden Hohlklingel?
12. Welcher Vogel hat nach Ihrem Geschmack die beste Hohlklingel gesungen?

13. Haben sie schon gebogene Hohlklingeln gehört? (gibt es nicht.)
14. Kann man überhaupt von gebogenen Hohlklingeln reden?
15. Ist die Hohlklingel eine schwierig zu züchtende Tour?
16. Ist die Hohlklingel eine besonders wichtige Stammestour?
17. Was halten Sie von einem Vogel, der zu lange auf Hohlklingel singt?

### 4. Fragen über die Klingelrollen.

1. Was sagt uns der Name Klingelrolle?
2. Welche Grundtöne geben ihr einen guten Klang?
3. Welche Konsonanten begleiten das i?
4. Wann klingt die Klingelrolle spitz? (dünn?)
5. Was für Konsonanten entwerten die Klingelrolle?
6. Wie soll das „r" bei der Klingelrolle gebracht werden?
7. Was muß der Preisrichter bei Wertzumessung der Klingel= rolle beachten?
8. Wie ist die Schnabelstellung bei der guten Klingelrolle?
9. Wie ist die Schnabelstellung bei der schlechten Klingelrolle?
10. Was verstehen Sie unter einer Nasenklingel?
11. Wann klingt die Klingelrolle flach, breit, hart?
12. Wieviele Punkte können einer schlechten Klingelrolle ab= gezogen werden?
13. Welche Konsonanten außer „r" entwerten unter Umständen die Klingelrolle?
14. Welche Fehler können die Klingelrollen haben?
15. Kann eine Klingelrolle gebogen sein?
16. In welcher Lage liegt die Klingelrolle zur Hohlrolle?
17. Wann geben Sie einer Klingelrolle 1, 2, 3 Punkte?

### 5. Fragen über die Klingeln.

1. Was sagt die Skala zur Klingel?
2. Warum sind 3 Wertpunkte vorgesehen?
3. Wann geben Sie 1, 2, 3 Punkte?
4. Wann ziehen Sie 1, 2, 3, 4, 5, 6 Punkte ab?
5. Wie muß der Grundton einer guten Klingel beschaffen sein?
6. Wie hört sich der Konsonant bei einer guten Klingel an?
7. Wann entwertet die Klingel?
8. In welcher Lage liegt sie zur Hohlrolle?

9. In welche Fehler kann eine schlechte Klingel ausarten?
10. Was verstehen sie unter einer dünnen, spitzen, hüpfenden, näselnden Klingel?
11. Was ist eine Schleppklingel? Stoßklingel?

## 6. Fragen über die Schwirren.

1. Welche Stellung nimmt die Skala zur Schwirre?
2. Welche Einwände werden gegen die Schwirre erhoben?
3. Wie soll die gute Schwirre bewertet werden?
4. In welchem Falle können 3 Punkte gegeben werden?
5. Welche Grundtöne hören wir bei der feinen Schwirre?
6. Welche Konsonanten hören wir bei der feinen Schwirre?
7. Welche Konsonanten sind dem Wohlklang gefährlich?
8. Welche Fehlertouren können aus der schlechten Schwirre entstehen?
9. Ist eine feine Schwirre eine schwer zu züchtende Tour? Warum?
10. Ist es recht, wenn man sie in Anbetracht ihrer leichteren Ausartung aus der Reihe der Werttouren streicht? Warum nicht?

## 7. Fragen über die Pfeifen.

1. Welche Pfeifen erhalten 1—2, 3—4, 5—6 Punkte?
2. In welchen Lagen sind die Pfeifen zu finden? (In allen Lagen.)
3. Wie müssen gute Pfeifen klingen?
4. Welche Vokale und Konsonanten haben die guten Pfeifen?
5. Welche Entartungen gibt es bei den Pfeifen?
6. Wieviele Pfeifen soll ein guter Vogel nacheinander bringen?
7. Warum sind viele Pfeifen für das Klangbild entwertend?
8. Nach welchen Touren hören sich die Pfeifen im Klangbild gut an? (Schockeln, Hohlklingeln und Knorre.)
9. Sind die Pfeifen Stammestouren?

## 8. Fragen über die Knorren.

1. Was für Knorren gibt es?
2. Wie heißen die Vokale von guten Knorren?
3. Wie heißen die Konsonanten der Knorren?

4. Wie lautet eine Hohlknorre?
5. Was ist über Hohlknorre zu sagen?
6. Welchen Knorren gibt man 1, 2—3 Punkte?
7. Wieviele Punkte können gute Knorren erhalten? (4, 5, 6.)
8. Was darf in der Knorre niemals fehlen? (Hohl.)
9. Wie muß der Schnabel beim Singen der Knorren sein? (Geschlossen.)
10. Was für Variationen gibt es bei der Knorre?
11. Warum ist die Knorre eine Stamm= oder Muttertour?
12. Was ist über ihre Tiefe zu sagen? (Sie ist die tiefste aller Touren.)
13. Warum ist die Züchtung der Knorre schwierig?
14. Welche Entartungen der Knorren gibt es?

## 9. Fragen über die Wasserrollen.

1. Warum heißt eine Rolltour Wasserrolle? (Wasserklang.)
2. Wieviele Wertpunkte kann eine genügende Wasserrolle erhalten? (1—2.)
3. Wieviele Wertpunkte kann eine gute Wasserrolle erhalten? (3—4.)
4. Wieviele Wertpunkte kann eine sehr gute Wasserrolle erhalten? (5—6.)
5. Welche Grundtöne haben die Wasserrollen?
6. Welche Konsonanten haben die Wasserrollen?
7. Welche Bedeutung kommt den tiefen Wasserrollen zu? (Stammtouren, Muttertouren.)
8. Wie klingt eine kullernde Wasserrolle?
9. Warum sind die Wasserrollerstämme schwierig zu züchten?
10. Welche Entartungen gibt es bei den Wasserrollen?
11. In welchen Touren können Wasserklänge vorkommen? (Knorre, Glucke, Koller.)
12. Welchen Wert hat eine kullernde Wasserrolle?

## 10. Fragen über die Kollern.

1. Wieviele Arten unterscheidet man hinsichtlich der Koller? (Hohl= und Wasserkoller.)
2. Was für einen Klang hört man aus der Koller? (Doppel= und Dreiklang.)
3. Welche Laute klingen immer mit? (l, u, i.)

4. Welche Bokale und Konsonanten finden wir bei der Koller?

5. Warum ist die Koller so schwer zu züchten? (Weil sie häufig den Vokal wechselt und viele Konsonanten hat.)

6. Welchen Nachteil für den Klang haben die Konsonantenhäufungen? (Sie überdecken den Klang, wenn sie zu scharf oder zu hart hervortreten.)

7. Wieviele Wertpunkte sind der Koller zugewiesen?

8. Wieviele Wertpunkte entfallen auf die genügende Koller? (1, 2, 3 P.)

9. Wieviele Wertpunkte entfallen auf die gute Koller? (4, 5, 6 P.)

10. Wieviele Wertpunkte entfallen auf die sehr gute Koller? (7, 8, 9 P.)

11. Welche Entartungen finden wir bei der Koller? (Überhandnehmen von Wasser — Öffnen des Schnabels — Plätscherklang.)

12. Welche Bedeutung hat die gute Koller unter den Touren? (Stamm- und Muttertour — ungemein melodisch und variierend.)

## 11. Fragen über die Gluckrollen und Glucken.

1. Wie unterscheiden sich die Gluckrollen von den Glucken?

2. In welchen Lagen hören wir die Glucken?

3. Welche Glucken sind sehr wertvoll und wieviele Punkte sind solchen zu geben?

4. Welche Glucken sind als genügend anzusehen und wieviele Punkte sind solchen zu geben?

5. Welche Glucken liegen gut und wieviele Punkte sind solchen zu geben?

6. Was ist eine Klingelglucke?

7. Was ist eine Doppelglucke?

8. Was ist eine Wasserglucke? Hohlwassergluckrolle?

9. Warum sind die Glucken schwer zu züchten?

10. Welche Entartungen von Glucken gibt es?

11. Warum sind die guten Glucken und Gluckrollen wertvolle Liedbestandteile?

12. In welchen Touren können gluckartige Formen auftreten? (Knorre, Koller, Wasserrolle.)

## 12. Fragen über die Fehlertouren.

1. Was ist ein Aufzug?
2. Inwieweit wirkt er störend? (Oft wiederholt.)
3. Inwieweit kann er entschuldigt werden?
4. Wieviele Punkte können abgezogen werden?
5. Wann klingt der Aufzug scharf, breit, spitz?
6. Was versteht man unter dem Locken als Gesangsstück?
7. Warum entwertet das Locken das Lied?
8. Wieviele Punkte können für weniger, seltenes, leises Locken abgezogen werden? (1—2 P.)
9. Wieviele Punkte können für stärkeres Locken abgezogen werden? (3—4 P.)
10. Wieviele Punkte können für vieles, häßliches Locken ab= gezogen werden? (5—6 P.)
11. Was ist von Zitt und Schapp, von Schnetter und Schnatter zu halten?
12. Bei welchen dieser Fehler bewegt sich der Unterschnabel? (Zitt, Schapp, Schnatter.)
13. Warum sind Vögel mit diesen Touren von der Prämiie= rung auszuschließen?

## 13. Fragen über das Klangbild des Gesamtvortrages.

1. Was soll im Klangbild bewertet werden?
2. Genügt ein guter Vortrag allein, um ein wertvolles Klang= bild hervorzurufen? (Nein, nebst gutem Vortrage sind vor allem schöne und gute Touren nötig.)
3. Können geringe Werttouren bei gutem Vortrage ein groß= artiges Klangbild entfalten? (Nein, aus geringen Touren gibt es nur ein geringes Klangbild.)
4. Welche Stellung nimmt die Vortragsweise zum Klangbild ein? (Der Vortrag ist ein untergeordneter Teil des Klang= bildes. Klangbild verlangt nebst gutem Vortrag auch **gute** Touren.)
5. Wieviel Punkte treffen auf ein genügendes Klangbild?
6.   „       „       „       „       „   gutes        „   ?
7.   „       „       „       „       „   sehr gutes   „   ?
8. Wie wirkt die Wiederholung einer Tour auf das Klang= bild des Gesamtvortrages?
9. Welche Touren erhöhen den Wert für Klangbild?
10.   „       „       mindern   „       „       „       „   ?

## 14. Diverse Fragen.

1. Darf ein 1. Preisvogel eine Schnarre bringen?
2. „  „ 1.    „       „ Schnetterschwirre bringen?
3. „  „ 1.    „       einen scharfen Aufzug haben?
4. Ist ein sonst sehr guter Vogel wegen einer Nasenpfeife vom 1. Preise auszuschließen?
5. Welche Fehler darf ein 1. Preisvogel haben? Welche nicht?
6. Unter welchen Umständen kann ein Vogel ohne Hohl= rolle ein 1. Preisvogel sein? (Wenn er z. B. bei tiefer, kullernder Hohlknorre eine gute Schockel, brillante Hohl= klingel, tiefe Pfeifen, gute Klingelrolle und saubere Klingel hat.)
7. Darf eine feine Hohlknorre als Knorre und Hohlrolle bewertet werden? (Nein; Hohlknorre ist eine aus Hohl und Knorre zusammengesetzte, vom Vogel als Einheit ge= sungene Tour und muß in Rubrik Knorren bewertet werden.)
8. Welche Fehler darf ein 2. Preisvogel haben?
9. Warum ist ein Vogel unter 20 Punkten kein Preisvogel?
10. Woher kommt die Punktgrenze 90?
11. Kann ein Vogel über 90 Punkte singen? (Ja.) (Was sagt das System dazu?)
12. Was halten Sie von Stammeszucht?
13. Was halten Sie von Kreuzungen?
14. Was ist Inzucht? Rückschlag? Fortgesetzte Inzucht?
15. Wie soll des Vorsängers Lied sein?
16. Welche Touren sind frühzeitigst auszumerzen?
17. Welchen Zweck hat die Verdunkelung?
18. Weshalb schreibt der Preisrichter einen Prämiierungs= bericht?
19. Welche Eigenschaften soll ein Heckhahn haben?

## Schlußbemerkung.

Nach Beendigung der Prüfung tritt die Prüfungskom= mission zusammen und beratet das Ergebnis.

Wer die Prüfung besteht, erhält eine Urkunde.

Wer die Prüfung nicht besteht, kann sich nach Ablauf eines Jahres nochmals einer Prüfung unterziehen.

# Goldene Regeln für den Preisrichter.

1. Betrachte das Preisrichteramt als ein Ehrenamt, nicht als Geldquelle.
2. Prämiiere stets unparteiisch, selbst wenn dir die Vögel bekannt sind.
3. Prämiiere stets objektiv, d. h. gebe jeder Tour ihren verdienten Wert, kürze nicht, wenn du persönlich kein Liebhaber dieser Tour bist.
4. Vermerke alle Gesangserscheinungen, auch die schlechten.
5. Fülle die Prämiierungsliste genau aus.
6. Sende den Prämiierungsbericht in Bälde an die Fachpresse.
7. Sei unbestechlich.
8. Melde jeden unlauteren, zu deiner Kenntnis gelangenden Vorgang seitens des Ausstellers oder des Ausstellungskomitees dem Verein resp. der Preisrichtervereinigung und der Zentralverwaltung.

# Inhaltsverzeichnis.

## II. Züchterkurs.

### Allerlei Wissenswertes für die Kanarienzüchter und die Vereine.

### Allerlei Krankheiten und ihre Heilung.

#### Äußerliche Krankheiten.

# Zweiter Teil.

## I. Gesangskurs.

### Der Kanariengesang.

## Die Preisrichterprüfung.

## Prüfungsfragen: